ワクワクだけで年商30億円

たった5年でパリコレ進出&30億円ブランドの夢を叶えたワケ

著　LICA
マンガ　高坂ゆう香

小学館

もくじ

プロローグ
最初にお伝えしたいこと …… 4

1章 現実は自分で創る
すべての奇跡は「設定」からはじまる …… 9
自分を「設定」する方法
「設定」って何？／やりたいことを書き出してみる／「設定」が「真実」になる
ワーク あなたの夢を設定しよう！ …… 24

2章 自分の感性を信じよう
就職試験でやらかした！ …… 25
自分を否定する人への対処法
どんな人にも「光」と「影」がある／「光探偵」になれば、嫌いな人がいなくなる!?／自分を我慢させないで！
はみ出しコラム 困ったときの「抜け道キャンディ」 …… 42

5章 ひらめきに導かれよう
新人の登竜門・東京コレクションへ！ …… 83
人からの批判をはね返す方法
自分の力を譲り渡さないために／「怒り」も、夢へのエネルギーになる／批判すらも、自分が「設定」している!?
ワーク 意識の矢印が向いているのはどっち？ …… 102

6章 大切なのは「何をしたいか」
痛手となったファッションショー …… 103
夢に王手をかけるアイデアのつかみ方
「歩き瞑想」でエネルギーを高める
ワーク 歩き瞑想の仕方 …… 117
4コマ 漫画家・高坂がLICAさんに聞いてみた！ PART1 …… 118

7章
前代未聞！ サーカス団とのコラボショー …… 119
自分の限界をサクッと外す方法

3章 自分の夢に意識をフォーカス
デビューしたけどお金がない！ 43
夢に立ちはだかる「お金」の問題
「お金がない」にフォーカスしない／エネルギーを上げれば、お金は入ってくる／お金4か条

4章 光の視点をもつ
チャンスをつかめるか？ 61
人とつながることが、夢への近道
1人の力より大勢の力／苦手なことは他人に任せる
ワーク コンプレックスを受け入れる 82
はみ出しコラム 引っ越しとエネルギーの関係 82

8章 「ひらめき」の見つけ方
「どうすればできる？」にフォーカスする／「光の相方」と一緒に進んでいこう！／自分の枠を外したいなら「怖いこと」をする

8章 無謀な夢でも叶えられる
夢の光景を見た日 137
願いを現実にするイメトレの魔法
具体的なイメージが現実化の近道
ワーク 魔法のイメトレをやってみよう！ 153
4コマ 漫画家・高坂がLICAさんに聞いてみた！ PART2 154

9章 自分の「内側」が現実を創る
そして、夢のパリコレへ 155
思い込み（ビリーフ）は変えられる
現実は自分の内側を映し出しているだけ
ワーク 思い込み（ビリーフ）外し 171

おわりに 173

幼稚園の頃
私は
前にならえが
できない
女の子でした
前に――……
ならえ!!
ザッ
何でおまえ
やらへんねん!!
ゴッ
ドン!
やれやー!!
前の人を
指すみたいで
イヤだ!!
やりたく
ない…!!
ふるふる..

どうしてこの人達は面白がっているんだろう
イジメることを楽しんでいるんだろう
色々考えては自分の中に閉じこもり
怖くて人と話せなくなりました
その間葉っぱがキラキラ光って見えたり
地面がぐにゃぐにゃ曲がって見えたり…不思議な体験をしました
そんな私がたった1つ好きなことを見つけました
それは…着せ替え人形遊びと女の子の絵を描くこと
大好きな人形のお洋服を触ったり絵を描いている時だけは
辛《つら》くてイヤなことも忘れられました

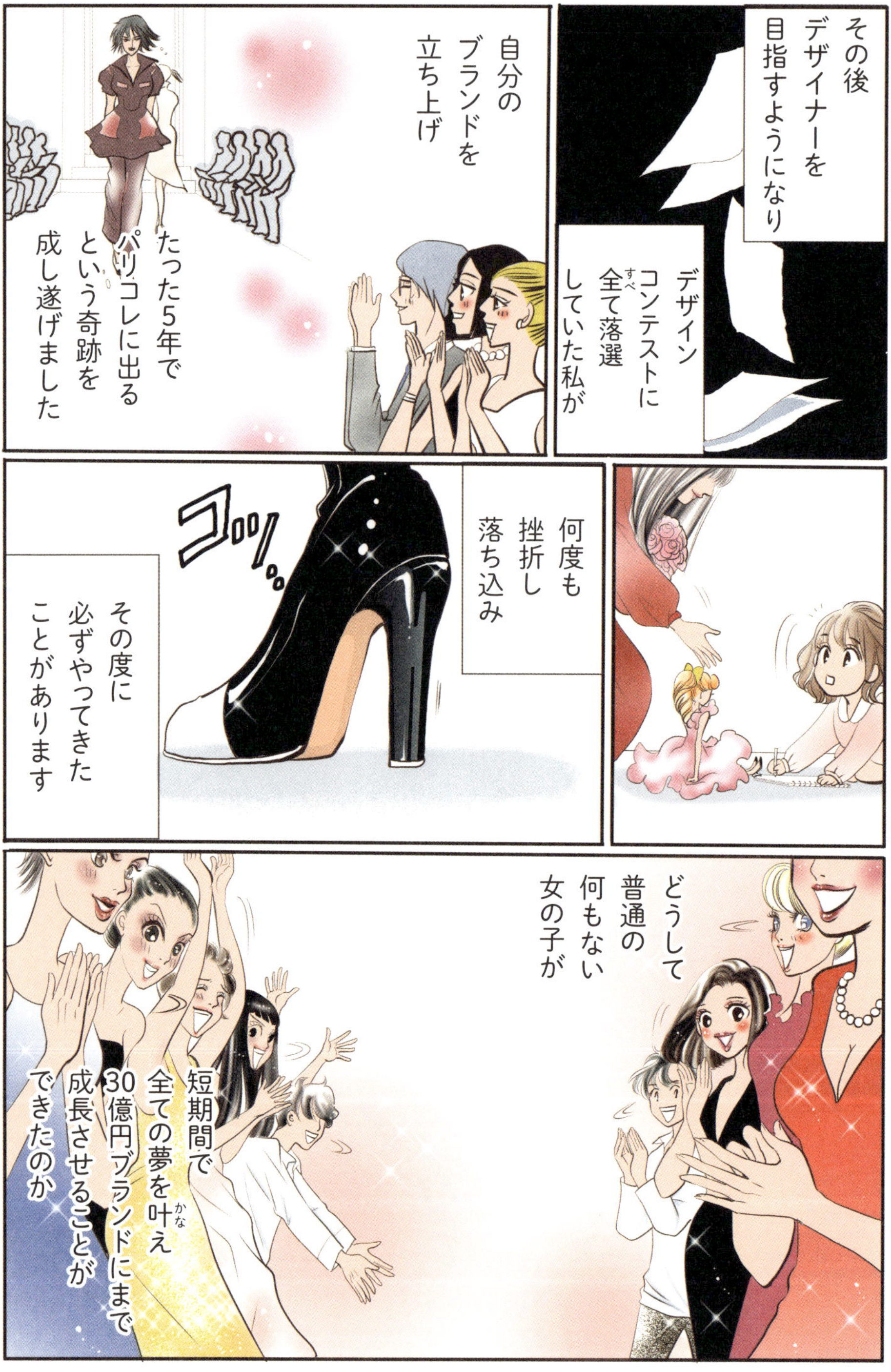
その後
デザイナーを
目指すようになり
デザイン
コンテストに
全《すべ》て落選
していた私が
自分の
ブランドを
立ち上げ
たった5年で
パリコレに出る
という奇跡を
成し遂げました
何度も
挫折し
落ち込み
その度に
必ずやってきた
ことがあります
どうして
普通の
何もない
女の子が
短期間で
全ての夢を叶《かな》え
30億円ブランドにまで
成長させることが
できたのか

奇跡を起こすために私が実際にやってきたことを
皆さんにお伝えします
この本には普通の子が夢を叶える全てのノウハウが詰まっています
ぜひ…私と一緒に夢を叶えに行きましょう

最初にお伝えしたいこと

こんにちは！　このマンガの主人公ＬＩＣＡです。この本は、才能もコネもお金も人脈もなかった私が、パリコレデザイナーになるという夢を叶《かな》えていくまでのお話です。「前にならえ」もできないほど引っ込み思案で、ごくごく普通だった私でも、無謀と思われた夢を叶え、自社ブランドを年商30億企業に育てることができました。

その理由は、**自分のワクワクすること、好きなことしかしてこなかったから。**

得意なことは徹底的に伸ばし、苦手なことは得意な人に助けてもらいました。やりたくないことにエネルギーを使ってしまうと、必要以上に疲れて、消耗して、やりたいことのために使うエネルギーがなくなってしまうからです。また、「ＬＩＣＡさんは才能があったからできたのでは？」と言われることがありますが、それは違います。才能があるかどうかなんてわかりません。**私にできたのは、「自分に才能がある」「成功する」と信じきることです。**信じきって行動する。これが「意識の魔法」です。この「意識の魔法」は、ちょっとしたコツさえつかめば誰でもすぐ使えるようになります。この本を最後まで読んでもらって練習すれば、そのちょっとしたコツがわかります!!　それでは、ゼロから夢を叶えるまでのリアルな実体験を楽しんでください！

1章

すべての奇跡は「設定」からはじまる

現実は自分で創る

その頃 私はまだ
DVD・BO レンタル
やりたいことも 明確でない フツーの女子高生 でした
リカちゃん コレも戻し といてー
はーい!
DVD
LICA 高校2年生 バイト3日目
本に囲まれて 幸せだけど… けっこー大変 やなー
早く終わら ないかなー
ヨロヨロ
ペかーっ
松下幸之助
ナポレオン・ヒル
カーネギー
ん?
なっ
何や この辺の本 ……
めっちゃ光ってる…!!
吸いよせられる…!!
フラフラ〜
おそる
おそる

「思考は現実化する」……？
パラ…
どういう意味だろう
なになに…「強く思えば現実は自分で創れるもの…」
へーっ
このオッちゃんええこと言うなぁ～っ
はっ
そういえば…小さい頃欲しいオモチャがあって…
高いからダメ!!
しくしく
それをもって遊んでいる所を想像していたら
ハイ♡おみやげよ♡
数日後におばさんがくれたんだった
欲しい…!!と強く思えば
手に入る…!?
やっぱり…そうだったんだ……!!

それからはその手の本を読みあさり
ごはんよー!!
いらない
へえ…※松下幸之助さんって身体《からだ》が弱くて学歴もないのに
周りの人の力を借りてあの松下電器を創り成功させたんだ…
※松下電器（現パナソニック）創業者「経営の神様」の異名をもつ
身体弱いなんて喘息《ぜんそく》持ちの私と同じやん……
もぐもぐ
全然知らなかったー
………
パラ…
ちょっと…待てよ…ということは
私もこの人と同じように夢を叶《かな》えられるんとちゃう…!?
ぽやーん
メモメモ!

ワクワクしながら
わくわく♡
せっせっ
本の気になる箇所に線を引き紙に書き出しインプットしてました♡
テヘ♡
進学の時期になりデザイナーを目指し
兄が既に芸大だったので
芸大に行きたかったけれど家の経済的な事情で2年制の専門学校へ
無名の専門学校
あはは…
イラスト科は華やかやな〜〜〜
楽しそー
全部で8人
うちら弱小アパレル科やもんね…
それよりさ今月の『装苑』見た？
入賞してんのみんなB服装学院の子ばっかやん！
特集
いいなーやっぱスゴイよねー
それに比べて私は…
有名な学校にも行けなかったし
コンテストには一度も通ったことないし……

おーーっ
コンテストに入賞せなデザイナーになれへんよね!?
焦るーーっ
ガラッ
みんな! 朗報や!
スリッパデザインコンテストがあるでーー!!
スリッパコンテスト
あなたの感性大募集!!
マジ!? やるやるっ
これ結構入賞できるらしいで!!
しかし……
落選
ヒュウウ
バンザーイ
賞
賞
※しかも どう見ても本気じゃない2人
人よりたくさんデザイン画を出したのに一つもひっかからないなんて……
あかん…もうマジで才能ないやん……
ピク…ピクピクピク
スリッパですら私を受け入れん…
他の子3作品
私10作品

パタン…
自分の部屋
──そんな時 私は
バサッ
高校生の時に出会った成功者や引き寄せの法則の本を引っ張り出し読みあさっていました…
どこだっけ… 何かすごく いいことが書いて あった気がする…
ブツブツブツ…
ココ・シャネル
自分と重ねて なぐさめて もらおー──
ん？
待てよ… あのシャネルで さえ
・成功者の人生グラフ (CHANEL)
UP
挫折
大きな挫折の あと必ず 成功してる…
私… 今まさに ドン底で 最悪じゃん
でも…彼女 ここではい上がって いるから──…

カラー・・
ン
やった…
私 これから
ぐんぐん
行けるで!!
絶対絶対
デザイナーに
なる！
大丈夫!!
ぴょーんっ
キャー
えーい
もう
墨汁と筆で
書いたれ!!
絶対デザイナーになれ・ね
バッ
バッ
ドキドキ
ワク
ワク
ココ・シャネル
本当にやっていた。
全身全霊で
強く思い
体感し
わく
わく
高校生の
頃のように
ココ・シャネル
名言
私は 好きなことしか
しない。
は自分の人生を好
なことだけで 切り
失敗しなくちゃ。
成功はしないわよ。
人生が わかるのは、
逆境の ときよ。
何度も何度も
カラーマーカーで
線を引いたり
言葉を書き出したり

リアルに成功した人と自分を重ね合わせて
自分を「設定」し直していました
シャネルと重ね合わせている
卒業も近づいたある日……
――というわけで各自△日までに卒業課題を提出してください
卒業課題…
何作る――?
はっ…
この間 運命的に出会ったシルクオーガンジー!!
あの生地でセットアップ作ったらめっちゃかわいいんちゃうん!?
うっとり…♡
ワクワク

はっ
いやでも待てよ…
私が学生時代 死ぬほど苦手ですり抜けてきたもの それは
パターンと縫製
デザイン画は得意♡
パターン
苦手
縫製
ひーーっ
さすがに卒業課題はスルーできひんっ
うーーん……
こっちの縫いやすいフツーの綿とかなら
Aラインワンピースにすれば何とか自分の力で作れるんちゃうか…
Aラインワンピース
………
もわ～ん…
いや でもやっぱり…!!!!
こっちのシルクオーガンジーの方がどうしても心がときめく!!
絶対 この生地でセットアップを作りたい!!
キラ
キラ

その時の！LICAの心理
一目惚れのシルクオーガンジーで難しいセットアップ
自分の力ではムリ
でも心がときめく♡
どうしてもどうしても作りたい!!
じゃあどうすればいい？
フツーの綿で簡単なAラインワンピ
自分で縫える
でもときめかない…
……
ああ…私はどうして縫製が得意じゃないんかな…
あああ……
もしこの生地に見合う技術があれば素敵な作品ができるのに…
はっ
そうやん…あの成功者の松下幸之助さんだって
身体が弱くてもその分野に秀でた人の力を借りて事業を成功させてたやんか!!
問題はそこじゃない……!!
ピーン！
おか——んっ
バターン!!

なっ……何やねんこの子は……
お願い!! どうしてもこのシルクオーガンジーで作りたいねん!
フワッフワで難しいねん!
誰か親戚で洋裁の得意な人おらへん!?
洋裁の得意な伯母さんを聞き出し
お願いします!! 困ってます
縫製を教えてくれませんか!?
遠かったけど教えてもらいに
シルクオーガンジー
絶対絶対完成させるぞ!
ダッ
しかし結局ほとんど伯母さんに手伝ってもらうという荒技を使う
イエーイ
思い通りの作品が出来たっ
キャッホーウ
伯母の家にて…。
せっせっ
でもなぁ…リカちゃん
うん?
卒業課題なんて何でもええんちゃうの?
もっと簡単な生地で楽なもの作ればいいのに

自分の縫製レベルに合わせて考えるとそのレベルのものしかできひん！
私はイメージした最高レベルのものを作るために伯母さんの力が必要やってん！
結果 最高のセットアップが仕上がり
自分のイメージを現実にするための方法を考えれば必ず見つかる
専門学校も無事卒業
おめでと～！
それを確信した経験でした

自分を「設定」する方法

「設定」って何？

夢が叶《かな》うかどうかを決めるのは、運でもキャリアでも努力でもありません。

――「設定」です。

「設定」も「意識の魔法」の1つと考えてください。

パソコンにプログラミングすると、その通りに動きますよね。「設定」とは、あなたというコンピュータをプログラミングするようなものです。

私は、バイト先の書店で、松下幸之助やココ・シャネルなど夢を叶えた人たちの伝記や成功法則の本に出会いました。

これらの本を繰り返し繰り返し読みました。彼らはとんでもない挫折をたくさんしていますが、めげずにがんばって成功している。**成功する前の彼らと今の自分に大差はない。**だから「自分も成功できるんだ！」と心の底から思えて、ワクワクしてきました。

つまり、「成功する自分」を「設定」したんですね。

もし私が、コンクールに入賞できなかった過去の自分にとらわれて、「才能のない自分」「多分成功できない自分」を「設定」していたら、きっと未来もそうなっていたはず。

「設定」には、**成功者の自叙伝を読むのがおすすめ。**自分を重ね合わせていっぱいワクワクしてください。そして、「いい！」と感じる文章には線を引いたり、書き出したりしてください。「書く」という行為によって、その言葉がどんどん自分に定着していきますよ。

やりたいことを書き出してみる

あなたの好きなこと、やりたいことは何ですか？　叶えたい夢は何ですか？

「これをやりたい！」という思いが湧くのは、**「あなたが、それをやれるから」**です。その夢を実現できるから、「好き！」「やりたい！」と思うのです。

やりたいことがわからない…という人は、エネルギー不足かもしれません。疲れているだけかも。ひとまずゆっくり休んでから、気分がよくなることをしてみてください。

旅行、カフェ巡り…何でもいいです。**気分がよくなるとエネルギーが湧いてくるので、「これをやりたい！」というものが必ず浮かんできますよ。**

さあ、やりたいことが決まりました。次に、**その願いを紙に書き出してください。**私の場合はお気に入りのノートに書いたり、習字のように筆で半紙に書いたりしました。「これぞ！」という願いはきれいな紙に書いて、宝箱にしまっていました。

「設定」が「真実」になる

とはいえ、「夢が叶うなんて真実かわからないし、やっぱり私は普通だから無理」と思うかもしれません。多くの人が「真実なら、信じよう」と思っているのですが、それは勘違いです。私の場合なら、「デザイナーの才能があるのが真実なら、信じてやってみよう」ではNGです。**「真実」は決まっているわけではなく、「自分が信じていること」「設定したこと」が「真実」になるのです。**学校や親から教わってきた過去の一般常識は一度忘れてください。

未来を創るのは、過去ではありません。「今」です。これからあなたが行う「設定」です。

ワーク

あなたの夢を設定しよう！

さあ、あなたの新しい人生を設定しましょう。
今の夢は何ですか？
どんな自分になりたいですか？
次の空欄を埋めてください。

私は、＿＿＿＿できる。
私は、＿＿＿＿になる。
これが、私の人生の真実！

はい、設定が入りました！

例
私は、デザイナーになる。
私は、デザイナーとして成功して、活躍できる。
私は、デザイナーとして有名になれる。

2章

就職試験で やらかした！

自分の感性を信じよう

これは就職活動と社会人になって最初の頃のお話
あ…あの入社試験を受けたいのですが……
ウチは○○専門学校と□□専門学校しか受け付けていません
ブツッ
ツーーーッ
ツーーーッ
アパレル科に力を入れていないうちの学校には求人が1つも来ないので
服飾ブランドを自分で1つひとつ調べて電話しまくる日々
もう何社断られたんやろ…
しく
しく
就職試験すら受けさせてもらえへんなんて…
辛《つら》い…もうあかん気持ちがくじけそう
ううう……
はっ
そうやった！成功者も皆そうやったやん……
へこむ必要なんかないわ！これは輝く未来への過程なんやから！
がばっ
続けるべし！

そうやってあきらめず電話をかけ続けていると………
お願いします！せめて…せめて試験だけでも……!!
………
まぁ…まずムリだとは思いますけど〜〜〜
入社試験だけなら受けてもいいですよ
えっ本当ですか!?
本当に本当にありがとうございます!!
ペこペこっ
おお…!
とにかく自分を信じて行動したらやっぱり扉は開いたやん……!!
しかし先生や同級生たちは——
え——っその会社って超優良企業やん！
絶対受かりっこないって！
えーっそうかなぁ…
やってみないとわからへん!!
誰が何と言おうとチャレンジしてみせる!!

そして
試験当日――
1次試験と
2次試験は
デザイン画は
得意
何とか…
パスし
いよいよ
3次試験の
面接の日！
急げ
急げ！
コツコツ
――間に合った――
ぱーーん！
しーーん
ヒソ
ヒソ
マジで――？
やめてよ
えっ…？
な…
何!?

ストン
キョロ
キョロ
ガ
ヤバい…私めっちゃ浮いてる…!!
リクルートスーツ着て来なあかんかったか…!?
あー…浮いてる？どーしよー
でも…この服一番好きなんやもん…
………
あなた…何ですかその格好は
そういうの…好きなんですか？
ぐっ…
……はい!!
自分の中で今…一番オシャレだと思ってます！

※デザインをもとに型紙に起こす専門職

無事
デザイナーとして
大手アパレル企業
に就職――……
できた
ものの…
リカちゃん
おはよう！
今日も
元気
ね！♥
おはよう
ございます！
○○課長
機嫌悪そ――
…ったく
何ちゅーカッコ
してんねん
スッ
アホか
ボソッ
女性らしい
服装が多い
社風の中
フワフワ系の
カッコ多し
個性的な私は
課長に嫌みを
言われ続けて
いました
私にとっては
コレが最高の
オシャレやのに
な……
Gジャン
腰巻きにして
スカートに！
派手色
レギンス。

課長に目ぇつけられるくらいなら周りと同じカッコしたらええんちゃうん？
イヤなんです！
誰になんと言われようとこれが一番オシャレやと思うし着たいねん
そこだけは譲れへんのです！
でも
課長の嫌がらせはどんどんエスカレートしていき――
きったないカッコしてんな――っ
はずかしないんか!?
あ――…
もう…会社辞めたいな…
とりあえず3年は続けるって決めてるけど……
あと何日会社に行かなあかんのかなぁ……
ギッ
!!

いたた…
胃が…
どうして課長は
ここまで私を
追い詰めるん
だろう
避けてるのに
なぜかしょっ
ちゅう遭うし!!
どうせ
この苦しみから
逃れられ
へんのなら
もういっそ
課長をとことん
見てやろう……!!
精神的に
追い詰められ
覚悟を決めた
瞬間でした
おはよう
ございます
おはよう
じーっ
よっ
調子どないや
まー
ボチボチ
今日も
めっちゃええ
天気やな――
元気か!?
……?
本当ッスねー
仕事したく
ないッスよー
あれ…?

何か
めっちゃ
いい人やん…
すごく部下に
声がけ
してるし……
じゃあ
余計に
何で私だけ
目の敵に⁉
うそっ
な…何
今の⁉
まさか――…
私の尊敬する
大好きな先輩が
あの課長
と――…⁉
先輩
やっぱ あの課長
悪い人じゃないんかも…

……
?
?
私の大好きな先輩が好きになった人だから悪い人じゃない
と 彼を認めた瞬間
彼に対する「嫌み課長」という認識はなくなり「大好きな先輩の恋人」という認識に変わり現実もそのように変わっていきました
それからというもの――
はた。
ニタア〜
ポン!
よっ!
相っ変わらずお前は個性的やなぁ〜〜〜っ
こ…個性的…?
?
?
私が「認めた」ことが伝わったのかなぜか嫌みや小言を言われることもなくなり
社内でしょっちゅう出くわすこともなくなったのでした
えらいかわりようだれ…

課長との問題も片付きようやく落ち着いてきた入社2年目
その頃になると仕事でもデザインを任されるようになり――
ザッ!
何ですかコレ?
これと全く同じようなもの出して!!
え…
全く…同じようなデザインですか?
そうや! 今コレが売れてんねん
文句言わんと同じようなの出してや!
会社の上から言われるのは
「とにかく売れるもの」
――こんなん何か違うと思うねん
もっとワクワクする服が作りたくてデザイナーになったのに
会社ってどこもそうなんかな……
わかる――
い
ウチもそうやで…

言ってることは
わかるけど
せっかく
デザイナーに
なったんやもん…
ワクワクして
キラキラしたもの
作りたいやん!
インディーズ
ブランド
やらへん?
自分の好きな服
作ってショップに
置いてもらう
とか!
それ…
ええやん
やろう!!
仕事の後は
仲間と
クラブで踊り
帰ってから朝方まで
インディーズ
ブランドの服を制作
睡眠時間は
毎日
2時間くらい
でも…全然
辛くなくて
楽しくて——…
入社し
3年経《た》った
ある日——…
今まで
お世話に
なりました

………
何で辞めんねん
はい！
起業して自分のブランドを立ち上げます!!
はぁ〜〜〜!?
簡単に言うな！
そんなん10年早いわ!!
バァン
私は……絶対に絶対にやります!!

ったく…
ブツ ブツ
10年も待ってられるか!!
今しかないっちゅうねん!!
こうして私はやっと入った会社を辞め無職になりました
でもその時はただ…「絶対にやってやる」という
ワクワクと強い決意しかありませんでした

自分を否定する人への対処法

どんな人にも「光」と「影」がある

自分のやり方や夢を否定されると、誰でもイラッとしたり悲しくなったりしますよね。
私の場合は、「嫌み課長」に心底悩まされました。
でもそこで、「この人、きらい！」と決めつけてしまうと、相手の嫌な部分に意識が集中し、ますます嫌なところが目についてどんどん苦しくなります。
光があれば影があるように、どんな人も2つの面をもっています。「光」しかないような明るく優しい人でも影の部分はあるし、**「影」にしか見えない人でも必ず光の部分があるのです。**言い方を変えれば、嫌だと感じる人に対して、自分自身が、その人の影の部分しか見ていないのです。

「光探偵」になれば、嫌いな人がいなくなる⁉

そこで、ラクになる提案です。あなたを否定したり邪魔したりする人が現れたら、その人の光の部分を見つけ出す**「光探偵」**になりましょう。
探偵になったつもりで、嫌な人、苦手な人の「いいところ（光の部分）」を探してみるのです。「きらい」「苦手」という感情は、いったん脇におきましょう。そして、映画やTVドラマの登場人物を観《み》ているつもりで、客観的に相手を観察してみてください。すると、「わ、この人にこんなところがあったんだ！」と新しい発見が必ずあるはずです。
どんな相手でも必ず素敵な部分があるから、光探偵の「事件解決率」は100％（笑）！
探偵業を極めれば極めるほど人を見る目が広がり、あなたの器も大きくなっていきます。
実は、出来事そのものに「いい」も「悪い」も、本来ありません。人間関係でどんなに嫌なことがあったとしても、出来事自体は「中立」です。**起きた出来事をどう受け止めるかで、その意味が変わり、あなたの感情や行動も変わるのです。**否定的だった相手への印象が中和され、相手を肯定できるようになる。すると…自分が変わるからこそ次第に相手の態度も変わってきます。

自分を我慢させないで！

ところであなたは、マンガの中で先輩が言ったように、「いじめられるくらいなら、服装を変えればよかったのに」と感じたかもしれませ

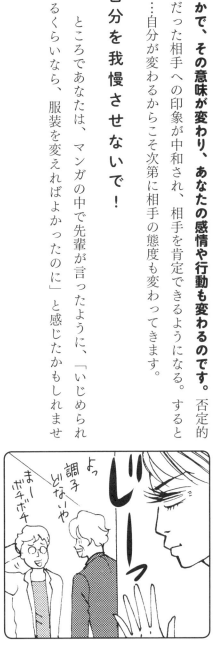

ん。しかし、私は自分のファッションスタイルが大好きでした。だから、課長に叱られても自分の「好き」を変えることは、絶対にしたくなかったんです。嫌みを言われながら自分のスタイルを貫くのはきつかったし、**自分を我慢させて人に合わせるほうが簡単だったと思います。**

でも決して、自分の「好き」を我慢させたくなかったのです。**それを我慢すると、自分の「好き（＝力）」を相手に渡してしまうことになるから。**そして、どんな小さなことでも、1つあきらめると、次の1つもあきらめてしまうから。

1つのことを大事にすると、次の1つも大事にできます。そうやって自分が自分を大事にしていけば、周りの人もあなたを大事にしてくれるようになります。

はみ出しコラム

困った時の「抜け道キャンディ」

夢を叶えるプロセスでは、トラブルや逆境に見舞われることも多々あります。でもそこであきらめないで！

目の前に高い壁が立ちはだかったとしても、抜け道は必ずあります。

私はいつも、大好きなキャンディ（「ミルキー」がお気に入りでした）をなめながら、「さあ、この壁の抜け道はどこかな⁇」と考えていました。そして、その時ひらめいたことを行動に移すと、高い壁をすり抜け、問題なんてなかったのかも!?　と思うことがよくありました。

名づけて、「抜け道キャンディ」！　甘いものは心と身体をリラックスさせてくれるので、緊張が解けて、いいアイデアが浮かぶのですね。ハッとひらめく自分の直感を信じて、ゲームのつもりでやってみてください。

3章

デビューしたけど
お金がない！

自分の夢に意識をフォーカス

起業して自分のブランドを立ち上げます!!
部長に啖呵《たんか》を切り会社を辞め
絶対に成功する!! と
心から決意してはや数か月
ダダダダ
ダダ
インディーズブランドではなくちゃんとしたブランドとしてファッションショーがしたい
世界に出たいパリコレに出たい!!
東京・原宿を私の服を着ている若者だらけにしたい!!
――けどそうなるための方法が
全ッ然わからへん…

無職になってからも
私の決意はブレることはありませんでした
残高が減っていく…
通帳
ぐるる〜…
それは成功者や引き寄せの法則の本を何度も読み大切な言葉に線を引き
ノートに書き出し自分の人生と重ね合わせていくことでした
なぜなら会社の一デザイナーだった3年間に
ある事をしていたので絶対的な自信を自分のものにしていたから
思考は必ず実現する！
ギュッ
ギュッ
才能がないって思われていた学生時代やったけど
すごい倍率をくぐり抜けて就職できたやん！
私は……自分の意志で成功することを決める!!

自分の人生で小さな成功体験があれば
自分の好きなファッションで
そこにありったけのエネルギーを乗せ
面接し入社できた！
思うだけではただの妄想に終わってしまうので
パチパチ
心の目で望む現実を見る↓感じる↓感情が出る↓感謝するまでやっていました
ありがとう…♥
私は今…ショー会場のフィナーレで観客の前にいる……
ショーが大成功して本当に嬉《うれ》しい……♡
ありがとう…ありがとう…♡
ブツ
ブツ
バタ
バタ
リカちゃーん！
何や また自分の世界に入っとんのか
勝手に上がってきたで
当時の私の仕事のパートナー
昼飯食いに行かへんー？
おごるで
通称「相方」

…でなぁ
いつか自分のブランドでパリコレに出て
東京・原宿を自分の作った服着た若者でいっぱいにしたいねん！
カチャ
カチャ
だから成功者たちの言葉とかを書き出して
いつも持ち歩いてんねん!!
MEMO
えーやんえーやん♪
がははっ
思いっきりやってみいや――♪
カカカ…
周りにそんな23歳おらへんでー♪
この肉めっちゃうまいわ
彼は元々同じ専門学校のイラスト科の卒業生で
卒業後とある場所で彼の作品が賞をとっているのを見て
うわ…
何やコレ……

すごい…
私にはない
才能や…
その後
友人を通して
再会することになり
カッコ
そのまんまのキャラ
世界はオレ様のモノ
めちゃくちゃ
気が合って すっかり
仲良くなりました
——というわけで
相方といる時は
夢の話で
盛り上がって
ワクワクし
1人でいる時は
ただひたすら
デザイン画を
描く…
そんなある日
——…
RRRR….
はい
リカさん 私よ
覚えてる？
専門学校の時の
特別講師の…
あ…
ご無沙汰
しています
1か月くらい
教えてくれた
キャリアのあり
そうな先生だ…
神戸で新人
デザイナー発掘の
ジョイントショーが
あるからアナタを
推薦しておいたわ！
えっ

ピッ
何か…参加費タダでショーやらせてもらえるみたい
え?
ART
ファッションショーデビューのチャンスもらった!!
何? 何? ファッションショー!? おもしろそうやんけ
ワクワク
モデル♡
モデル♡
オレもやるやる——っ♡♡
!?
えっ アンタの専門ファッションちゃうやん!
ピッ
この人は稀有《けう》な絵の才能があるんだ…
1人よりも2人でやった方が何十倍もすごいモノができるはず…!!
優秀作品賞
佳作
よし! 一緒にファッションショーをやろう!!
お~! やった! ラッキー!!
学生時代1か月くらいしか来なかった先生やのに…
しかもほめられたこともない…
ありがたいわ~
じ~ん
まじ! 奇跡やな

先生に紹介してもらった店で生地を選び
当時ネットはない。
おねがいします!!
縫製してもらう工場を探し
タウンページ
タウンページ
何軒も探す
神戸コレクション当日——…
ざわ
ざわ
KOBE fashion
いよいよ…ショーデビューや!!
ドキドキ
キンチョーする——っ
うお——っこれがファッションショーか——っ
モデルさんキレイやな——っ
ゲラゲラ
人めっちゃ来てるぞ——
がくがく…
パッ
ワァァッ…

※当時は「BELLISSIMA(ベリッシマ)」というブランド名をつけていた。イタリア語で「美しい人」という意味

アカン…もう終わりや……!!
ずーん…
先生…ごめん…
せっかく推薦してくれたのに…
リカちゃん
オレら…ついにやったな!!
誰がなんと思おうが…オレらがいいと思うことやり遂げたな!
最高の気分やなリカちゃん!!
モデルさんキレイやな〜〜
うぉ
そうだ…!!
就職試験の面接の時も…周りに白い目で見られたけど
自分がいいと思う世界を信じて行動したから未来を創れた!
ピーン
ここは焦って不安になる所じゃない!!
…そうやな!!
最高の…ショーやったな!!

終わったこと考えてもしゃーないな!!
かんぱーい
とりあえずおつかれ——っ♪
その日の打ち上げにて
次何やるーー?
しかし私たちを待ち構えていた現実
それは
請求書
¥120,000
請求明細書
¥36,000
お買い上げ明細書
髪おろしました
リカちゃん…どーすんのこの請求書の山
ヤバイで!!
電卓
全部でいくら?いくら?
ギャア

80万…
ちー…ん
そう…参加費こそ無料だったものの15衣装ほどの制作費が一気に…
しかし…そのときも私は…
あえて思考を目先の暗い支払い問題にはフォーカスせず…
次のショー成功!!
お店もっ大繁盛!!
イメージ中…
自分達のブランドの服を着ている若者たち…
そうや…私はこうなりたいねん絶対なれる…
成功するから…
ボッ…
みんな…原宿で私の服を着てくれてありがとう…
すごく似合ってるよ…
はァ!?
何言うてんねん

えーい
請求書なんかしまっとこ!
バンッ
Yes!
問題解決しようとして焦るだけやわ!
封印!
封印!
し…ん
なんとなく……
ホッ…
さっコレでクリエイションに集中できる!
あてもないけど次のショーも絶対成功させようぜっ!
わくわく
おー…っ!!
RRR…
神戸のショーを観たものですが……
うちの会社のエレクトリックフェアに出す衣装をお願いできませんか
いやーーー!!
あの時の衣装があまりにも独創的だったもので…
感動しました!
あなたたちなら必ずやできるだろうと思いご連絡差し上げました!!
モワ～ン

まぁ…
そうやろな…
で…どうでしょう
衣装制作費は
大体おいくら
くらいで…
おず おず…
300万円です!!
しゃだっ
!!
さっ…
300万!?
ハッ
ハッ
パタパタ
………
―わかりました
予想より少し高いですが
通しましょう!!
ギャ――ッ♡
請求書…
払える〜〜〜〜ッ
くるくる
くる…

というわけで
自分たちがいい！と思うショーを信じ
全力でやった
おかげで
あなたの暮らし、応援します。
○○電気株式会社
電気会社
社長のお気に入り
フィリピン人
ダンサー
それを評価してくれる人が現れて次のステップへとつながったのでした
いやー！
テーマが動物園のショーをやっといて本当によかったな！
もしフツーのコンサバな衣装作ってたら請求書払えてへんで！
ほんまやなーー
衣装はお父さんの鉄鋼会社で作ってくれたから制作費ほとんどかからなかったし
150万円も残ったし♥
この廃材使いたいっ
ここも光らせられるでーっ
うおーっ
周りの評価より自分の好き！やりたい！と思うことにフォーカスするのってほんま大事やな！
控え室にて
ついこの間まで請求書の金額にビビリまくっていたのが
タラララッタ
タラララッタ
まさかの150万円プラス!!
いよいよ…念願のアトリエを構える事になったのでした
タ〜ラ ラッタ
タ ラッタ〜♪

夢に立ちはだかる「お金」の問題

「お金がない」にフォーカスしない

新しい「設定」で生きはじめて間もない頃は、「夢はたくさんあるけど、お金がない」という状況が続くかもしれません。私たちにも、「お金がなくてヤバイ！」という状況は何度もありました。でもそこで**絶対に、お金がない問題に集中しないようにしていました。**「どうしよう！」とあわてても、状況が好転するわけではありませんから。

お金を稼いだり、資金集めをしたりするより大事なのは、**目の前のやりたいことや好きなことに集中して行動することです。**お金がない問題だけを考えると、焦ったり悩んだりして、自信や気力もなくなっていきます。そうするとパワーダウンして、本来出せる力も出せません。どんな時も楽天的な相方のおかげで、私はそのことに気づけました。だからこそ、80万円の請求書にも怖《お》じけず、次のショーへと気持ちを切り換えられたのです。

エネルギーを上げれば、お金は後からついてくる

「お金はエネルギーだ」と聞いたことがありませんか?

この言葉は、正確には**「お金は、自分自身のエネルギー」**という意味です。だから、お金を増やしたいと思ったら、自分のエネルギーを増やすことを、まずやるべきなのです。

その理由は、お金はつねに「自分の状態」を反映するからです。もし私たちが、他人の評価にふりまわされたり、目の前の問題に悩んでばかりいたら、自分たちの勢いやエネルギーも下がり、新たな展開を創ることはできなかったでしょう。

では、エネルギーを上げるにはどうすればいいかというと、**自分の根底にある「好き」を優先し、自分を大事にし、気分がいいことを常に選択すること。**すると人間はパワフルになり、エネルギーがアップします。当然、お金も後から必ず増えていきます。

つまり、自分自身にエネルギーをかけてあげればあげるほど、お金が増えていく。とてもシンプルなしくみなのです。念のために言うと、「お金があること」と「夢を叶《かな》えることと」は、まったく違います。

自分の望みを叶えるには、莫大なお金が要ると勘違いしている人が多いのですが、そうではありません。

私の場合で言えば、お金がいくらあっても、デザイナーになれるわけではありませんよね。お金を準備するよりも、願いが叶った現実をしっかり思い浮かべて、ワクワクしながら、そこに向かって具体的に行動することが何よりも大事なのです。

お金4か条

1　お金を儲《もう》けることより 自分の「好き」「ワクワク」を考える

自分の好きなことやワクワクすることのために、自分のスキルやできること（能力）を使って、「何ができるのか？」を考えましょう。自分の思考や他人が「そんなんじゃお金は稼げない」と判断・批判したとしても、「ワクワク」なことには、必ず実現の種が隠されています。「ワクワク」＝「お金というエネルギー」！　小さなことでも、「好き！」「ワクワク」で行動していると必ずお金を引き寄せますよ。

2　お金のリミッター（制限）を外す

どんな人にも「自分が使えるお金はこれくらい」といった制限があります。この制限が大幅に振れている人は大体成功しています。例えば私で言うところの相方も、お金や何事にも制限がなく、「300万円！」と言えたのも自分にそれだけの価値があると心から信じているから。時には制限を外すチャレンジをしましょう。

3　今、自分に在るものを見て感謝する

「お金がない」と考えると、「ないこと（不足）」に意識が向かい、クリエイティブなアイデアや行動は生まれません。さらにその思考パターンで「才能がない」「行動力がない」などと考え、ますますネガティブになります。今のあなたには、大切な人、健康、時間、住む家や食べ物など、たくさんのものがあるはずです。そこに気づいて感謝すると、意識の方向性が「在る（充足）」に変わります。「ない」ことよりも「在る」ことに意識を向けましょう。

4　ポイントカードは捨てる

ポイントカードをもつ目的は、「ポイントを貯めて得したいから」ですよね。その心をひも解いていくと、「お金はなくなっていくものだから得したい」という思い込み、つまり「お金はなくなる」という設定に行き着きます。この設定を「お金がどんどん集まってくる」に更新しましょう。そう考えると、ポイントカードは不要ですね。たった数百円の「お得」のために、あのお店で買わなくては、と自分の行動が制限されるのも考えもの。小さな「お得感」に閉じ込められないためにも今すぐ捨てましょう。

4章

チャンスをつかめるか？

光の視点をもつ

請求書の
支払いを終え
手元に残った
150万円
奇跡を起こし
ピンチを
チャンスに変え
手にした
大金で
生まれてはじめて——
コツ…
ここが
はじめての
アトリエやで…!!
しかも…
イッキに
4部屋も!!
…ああ
この——…
オシャレな外観の
ビルにアトリエを
構えることは
感動や
わ…!!
専門学校時代から
ずっとずっと
思い描いていた
ものでした

だから――……
賃貸の交渉に行った時も
――……
このビルは半年後に壊す予定だからダメなのよ
ごめんなさいね――…
オーナーさん
ええっ そうなんですか!?
私 このビルが大好きで…!!
アトリエを借りるなら絶対ココ!って決めてたんです!!
……
そうなの? なら…取り壊しまでの半年間でよければ
そうね……
1部屋1万円でいいわよ
何つーか…トントン拍子にことが運ぶな~
一瞬「あ、ムリか」って思ったのに…ついてんな~~
4部屋もかりれたし――って
ギッ
違うで! これは偶然やない!
この現実は自分で創ってるんやで!!

私は専門学校生の頃からこのビルがいいってずっと願望のロケットを発射しとってん!!
GO GO!
願望ロケット
ドーン!
だから完璧なタイミングで現実になってん!!
願望をもつことはめっちゃ大事やねん!
自分の心の中が「先」やねんで!現実は「後」!だから願望は大事やねん!!
ぽかーん…
……
はっ
ヤバい…変なこと言ったかな…?
お…
お―――!!
リカちゃんホンマ!?でも…
めっちゃわかるわそれ!!
だってこのブランドの服オレめっちゃ似合ってるやんか?
この服はまさしくデザイナーがオレ様のために作ったってことやろ!?
そーゆーことなんやろ!?リカちゃん!!
こーゆー服ずっと欲しかってん
ちょっと違う気もするけど
そ…そうやな
素直で物事をジャッジせずめちゃ明るい
そんな相方に伝えることで私もまた嬉《うれ》しくなり…
え〜なえ〜な
おもろいなおもろいな
でなでな…

そんなある日――……
大阪コレクション!?
そうや！
当時のインディーズブランド仲間のリーダー的存在Y君
リカちゃんらがやった神戸のジョイントショーよりもっと大きいヤツや
無料で出せるし知名度もあるしメジャーになれる
大阪コレクションに応募しようと思ってんねん
わ…私達も出したい!!
それはいいけど…ものすごい数の応募数やで
パリから応募する人もおるし…
しかも参加できるのはたった5ブランドや
ち…
まぁ…
確かに…ブランド始めたばっかりで
キャリアもコネもないな…
そうやな…
しゅん…
神戸の時とは違うしな…

※ドイツ出身の画家、人形作家。シュールレアリスト

相方のアイデアは的中し――……
あなた達には才能を感じました
恥ずかしくない作品を作ってください
うおーーーっ!!
やった……やったーー!!
いよいよ…本格メジャーデビューや!!
それからは縫製がプロ級の子を口説き
そのコがよく行くクラブに行き…
おねがい!!
こーゆーことやりたいねん!
ただお給料少ししか出せへんけど
面白そうやからいいですよー。
すごい…よくこんなの縫えるね…
すごーいすごーいっ
サラッ
え…別にこんなんフツーですよ~♡
夢を早く実現するやり方
それは
差し入れ持ってきました
相方の後輩
おーー助かるわー
タコ焼き
1人で全部抱えて突っ走るよりも
自分にないものは誰かがもっているから
相方
・絵が上手い
・アートの知識豊富
・常に光の視点から物事を見られる!
自分にできることは100生かし後は得意な人に任せる
スカウトしたTちゃん
とにかく縫製がプロ級に上手い!

人を認め人とつながって一緒にやろうとする
おーー!!
わい
目指せ大阪コレクション!!
眠いい!!
アホみんな一緒や!!
東京コレクション!!
その後パリコレ!!
わい
それが夢を叶《かな》えるすごい近道だと思います
腹減ったー!
大阪コレクション当日——……
ワァ…
アフターパーティにて。
BELLISSIMA《ベリッシマ》よかったよ!
感動したよ!
プハー
すっごく斬新だったよ!
あ…ありがとうございます!
評判上々やな!
うん!
これは…明日からの展示会が楽しみやな
ワクワク♥
どうする?めっちゃお客さん来たら!

当時大阪コレクションで
デビューしたブランドは
無料で1週間
展示会をさせてもらえ
それはその後も
ビジネスにつなげて
欲しいという協会の
素晴らしい
サポートなのでした
ところが…
ガラ〜ッン
サーーッ
なんで!? ショーの時は あんなに反応 よかったのに ……
うちらのブースには 全然人が 来ーーへんやんか!!
来るのは… ビジネスにつながる バイヤーじゃなくて 学生ばかり…
何で!?
何が アカンの!?
ヤバい… こんな ハズじゃ…
どうしよう!?

お客さんが
全然
来ないのに
この先どうやって
ブランドを
運営していけば
いいの!?
ぷーーっ
ゲラ
何やコレ
ホンマ
ウケるわーっ
ゲラ
ピリッツ
こんな状況で
よく笑って
られるなぁ
ーーっ
バン!
今まさに
ブランドの
危機やで!?
だって
来ーへんもんは
しゃーないやん
そんなん何とか
なるなるーーっ♪
それより
コレ見てみー?
オモロすぎて
腹割れんでーー!!
ホラ!
ここ!
ガラガラガラッ
ピリッツ
ぷっ
ホンマや
何やコレ…
ああ…
そうや…
せっかく隣で
相方が楽しい
エネルギーを
出しているのに
ヒー
ヒー
ギャハハハ…
ピリッツ

※単独ブランドのショーで、デザイナーの憧れ

縫製工場の仕事辞めてきちゃった――
軌道に乗るまで給料いらんから働かせて!
Tちゃん!みんな…
オレも～
相方の後輩
そして終いには
いやー!
素晴らしい!!
毛足の長い赤い絨毯
まるで東南アジアの場末パブのようだ…!!
このアトリエ…気に入ったよ!!
ありがとうございます!!
天井 空の絵
真っ赤なカベ
ほめている。
大阪にいいブランドがあるらしいと
この最新作は軍が使用するノーメックスっていう耐火素材で……
東京からわざわざファッションジャーナリストさんが訪れて来てくれたり
少しずつ…夢の実現が水面下でつながり
するすると流れていったのです

そんなある日
コツ
コツ
…どうですか
人がいなくてビックリでしょう
ここ阿倍野《あべの》は今若者が少なくなってて…
あなた方若いアーティストさん達の力で盛り上げて欲しいんです！
わかりました！
当時大阪では「阿倍野SOHO計画」というものがあって
それはアーティストにほぼ無料で空き物件貸します！というものでした
ヒソ
ヒソ
今のトコもうすぐ取り壊しやしラッキーやな
ホンマやな…
えーとこ見つかるとえーなぁー
イッヒッヒ♡
うーん…何かどれもイマイチ…
リカちゃんここラブホの跡やでー
キャッキャッ
おもろいわー♡

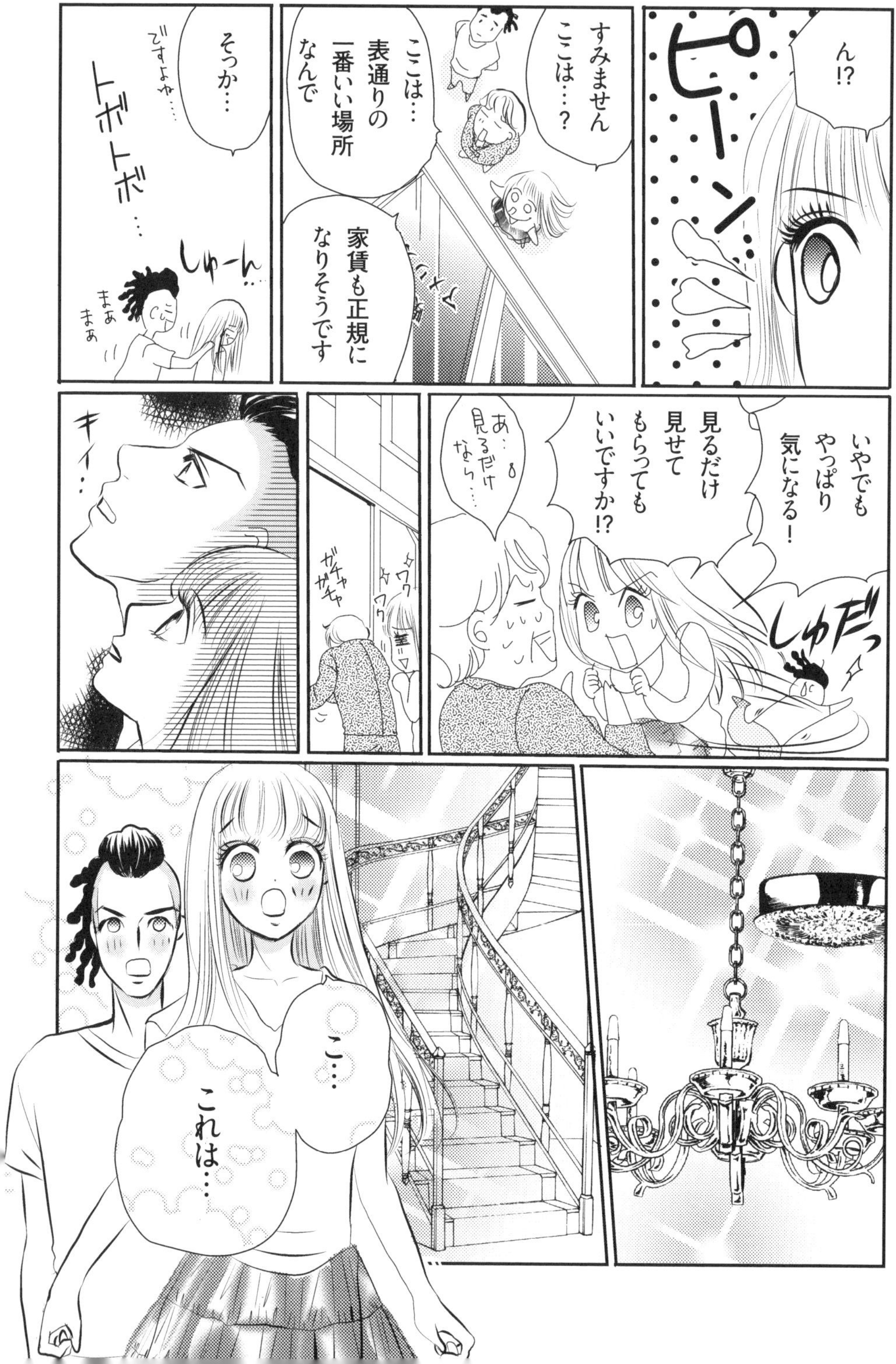
ん!?
ピーン
すみません ここは…?
ここは… 表通りの 一番いい場所 なんで
家賃も正規に なりそうです
そっか…
ですよね……
トボトボ…
しゅーん…
まぁ まぁ
いやでも やっぱり 気になる!
見るだけ 見せて もらっても いいですか!?
しゅだっ
あ… 見るだけ なら……
ワク ワク
ガチャ ガチャ
キィ…
こ… これは…

ここは…まさに…
お店もったらこーやってあーやって…
専門学校生の頃
絵に描いていた
理想のアトリエ兼ショップと
ま…全く同じ!!
ここ!
借ります!!
いや…だから
ここは正規の
値段だから…
でも絶対
ここなんです!
ここしか
ないんです!
不動産屋さん
紹介して
ください!
コニコ不動産
ガーーッ
ありがとうございました
ビル一棟貸し
しかしてない
なんて…
トボトボ…
家賃月約70万円
初期費用の
敷金は家賃の
10か月分…
ひえ〜…
絶対
ムリやろ

なぁ…もう
あきらめて
裏のどっかに
しよーや
裏なら
いっぱい空いてるんやし……
あのラブホ跡も
改装すれば
何とか…
イヤや！
あんなに
思い描いていた
場所が目の前に
現れてん!!
絶対
借りられへん
はずないもん!!
――そう
その時
私はもう完全に
わかっていました…
夢を描いた
紙を入れた
宝箱
カパ
理想のお店
シャンデリア
らせん階段
この絵を
専門学校生の時
描いていた
時点で
この未来を
キャッチして
いた…と
お店もったら
こーやって
あーやって…
これ絶対
何かのサインだ！
あきらめへん！
今ここで
現実を
創らなくて
どうする!?
納得いくまでやったるでぇぇ――!!
なぁ!!
専門の時の
私よ！
次の日
開店直後
――…
おはよう
ございますっ
ダダッ…!!

あなた…
昨日の…
ビルの敷金
分割にしてください！
どうしても
どうしても
ここがいいんです!!
これ…
見てください
理想
シャンデリア
らせん階
専門学校生の時に
夢に描いた絵です
まさにここ
なんです!!
お願いです!!
デザイナーとして
絶対に成功して
ちゃんとお支払い
しますから!!
この通りです!!
お願いします!!
後日――
分割OK
出ましたよ！
早速
来てください
やったーー!!
祝・理想のお店GET♥

そして…また
思い描いた通りのアトリエを手に入れ…
LIMITED EDITION
しかしなかなか客がつかへんな…
RRR…
『流行通信』の編集の者ですが…
取材させていただいてもよろしいですか？
流行
当時ファッション雑誌と言えばコレ！という『流行通信』の新進デザイナー特集に
新進
特集
BELLISSIMA
大きく2ページもブランドが紹介されることになったのでした
雑誌掲載の効果は絶大で…
口コミが口コミを呼びお客様が増え始め…
すいませ〜ん
いらっしゃいませー
何でも最初のアトリエを絶賛してくれたジャーナリストさんが大プッシュしてくれたそうで…
あんな変わったアトリエ初めてだったよ
ハハハ…
実は有名なジャーナリストさんだった
そして——…
ハア…

ついに初めてのオンリーショーを
全部赤いワンピース
〜300人集まった!
アトリエ近くのゴルフ場跡地で開催することができたのでした…
すごいな…特に宣伝も何もしてなかったのに…
満員…
ううう…
皆が手伝ってくれたおかげやー
電気屋さんの友人
全ては思っていたことが現実化してんねん
今思えば…全てが見事につながっていて
目の前のことに妥協せず
とにかくひたすら思うようになる!と信じて信じきって動いたことが
現実の出来事を創っていったのだと思います

人とつながることが、夢への近道

1人の力より大勢の力

私の夢が、少しずつ形になってきました。ここまで読んでいただいたあなたには、私の成功パターンがいくつか見えてきたかもしれません。私の成功パターンを分析すると、**「〝好き〟〝楽しい〟と感じることを大事にする」「自分の気持ちを言葉にして、ノートに書く」「ワクワクしたら即行動する」**などですが、その中でも、成功するために欠かせなかったのが**「仲間とチームを作る」**ことでした。

まず1人目は相方。ブランドをともに立ち上げた相方の存在はとても大きかったです。どんな時でも「光の部分」を見る陽気な性格とブレない心に、何度助けられ、気づきをもらったかわかりません。

独創的だと言われた私達のデザインも、彼がいたからこそクリエイトできたものです。さらに、営業手腕に長《た》けた兄や、抜群の技術力をもつ縫製スタッフや、グラフィックのうまい後輩など、強力なメンバーが加わり、できることが広がっていきました。

「人の力を借りるのは、気が進まない」と言う人もいますが、夢が大きければ大きいほど、チームを作り、それぞれの得意分野を結集していくことが大切になってきます。

苦手なことは他人に任せる

苦手な分野は、得意な人に任せましょう。1章にあるように、私も卒業制作で自分のイメージ通りの服を作るために、苦手な縫製を伯母に丸投げしてしまいました。心からの感謝を忘れなければ、あなたの夢をサポートしてくれる人はいつでも現れます。

さらに私には、「人づきあいが苦手」という意識がありました。相方は誰に対してもフレンドリーで、人とすぐ仲良くなれるキャラだったので、うらやましいと感じたこともあります。でも、「人づきあいが上手にならなきゃ！」とは思いませんでした。

人づきあいが苦手な分、自分の得意なこと（デザインなど）に力を注ぐようにしたのです。そして、**苦手なことと得意なことの両方が1つになって、「私＝個性」だと思うようにしたのです。**

だって、どんな人にも得手不得手はありますよね。どちらの部分も大切な自分です。

そして、苦手なことを克服するより得意分野を伸ばすほうが何倍も楽しいし、いい結果が出せます。苦手なことは人の力を借りれば簡単にクリアできますよ！

ワーク

コンプレックスを受け入れる

1 できないこと（コンプレックス）を紙に書き出す
↓受け入れて認める。（白＝光をイメージする）

2 得意なことを紙に書き出す
↓「私はこういう人！」と思う。
（赤＝情熱をイメージする）

3 両方をひっくるめて「自分＝個性」とする
（赤＋白＝ピンク。ピンク＝何でも可能にする色と設定してイメージする。他の色にもアレンジ可）

はみ出しコラム

引っ越しとエネルギーの関係

デザイナー時代に何度もアトリエを移転した私ですが、プライベートでも引っ越しが大好き。2年に1度は引っ越しています。驚かれますが、家具も全部買い直しています。自分のエネルギーが変わってくると、住環境が合わなくなってくるので、エネルギーの合う場所を求めて引っ越し、さらにその時の自分に合ったインテリアに変えるのです。服を全部捨てて、買い直すこともあります。

自分自身の「変化」に敏感になるのは大事なこと。ただし、むやみに動くとエネルギーを消耗します。本当に引っ越したいのか、純度の高いクリアな状態で判断しましょう。部屋の片づけや模様替えをするだけでも気持ちがガラッと変わり、運気の流れも変わりますよ！

5章

新人の登竜門・東京コレクションへ！

ひらめきに導かれよう

ゴルフ場でのオンリーショーを終えた直後のこと
お宅らが使っている「BELLISSIMA《ベリッシマ》」というブランド名はうちの会社が商標登録しているから
今後一切使用しないでください
このまま使用すると訴えますよ
し……
？
しょうひょうとうろく!?
やりたいことだけを考えて突っ走って来たため
ビジネスの細々としたことは何も考えていませんでした
こだわりの物件に作った鉄格子の扉が話題になったり
BELLISSIMA
お客さんもぼちぼちついてきた頃でした
ここじゃない?
今さらブランド名を変えろって――!?
ふっざけんなよオォ‥
店も出してオンリーショーもやってそれはナイでしょ――っ!?
とにかく早く何か考えんとっ!!

20471120…
ボソッ
ビクッ
!!
えっ？
今、何て…？
…ブルブル
!?
す…
数字や!!
数字がええ!!
真っ白な状態なんは数字しかないィイ!!
はっ…
…ええやん!!
キラキラキラ
パチン
20471120
数字や!! それしかないっ!!♡
――が…
いざ登録に行くと…
数字の羅列なんてダメですよ…
過去に同じ例が1つもナイし…。
へっ？
ですって！
どうしたら商標とれる？
作戦…考えようやっ？
わくわく
あきらめるという考えが全くナイ2人
そして

数字の下に TRAIVENTI とつけて
20471120
TRA I VENTI
(トライヴェンティ)
※イミは、「20と20の間」という イタリア語
読み方も トライヴェンティと つけて初めて申請 できたのです
さっきはついうっかり もう今までの名前が 使えないっていう 絶望的な現実に くっついとったけど
20471120
何や こっちのが えーやん！
むしろオジサン 電話してくれて 教えてくれて ありがとう！
私達は…… この新しい名に
輝きと ワクワクを 感じていました
エイエイオー
すると ……!!
君達… 東京コレクション 出る気ある？
出たいのなら 応援するよ！
なんと！ 東京ナンバー1の 演出プロデュース 会社の演出家と
同じ会社の売れっ子 キャスティングの 方が協力して くれることに!!
大阪コレクション 良かったから さー！
がんばって 欲しいんだよね～

東京コレクション!!
ついに…
来た――――!!
うおおおおお…
東京コレクションとは…!!
服飾ブランドが新作を発表するファッションショーのことで東京で年2回開催されジャーナリストやバイヤーがこぞって見に来る
まさにファッション界の登竜門的なものなのである!!
すごい…すごいよ…!!
彼らのおかげで超売れっ子モデルさんも揃えられるし…
ありがたい…ありがたいな!!
ホンマ…感謝しかあらへんな!!
よし!! 東京に進出してもバカにされないよう
ちゃんとしたものを作ろう!!
テーマは…SLIPDOWN（スリップダウン）や!!

SLIPDOWN「ずれ落ちる」
それはテーラードのデザインを駆使し
メンズテーラード仕立てでテーラードジャケットの各部位がちょっとずつズレているというものでした
ただ若さと勢いで大阪から出て来て
パリで学んで来たとか
1流ブランドで働いたとか立派な経歴もキャリアもない

東コレではそんなデザイナーなんていなかったので
余計に…キチッとしたヤツを作ろう！と思ったのです
ワァア
パチパチ…
よかったよ！
手伝った甲斐《かい》あったよ
ありがとうございます！
リカちゃんおめでとう！
ハイ！
おかん…
この花束を渡されるシーンも昔思い描いていた通りだ…!!
あ
くす
花を渡したのはおかんだったけれど…
大丈夫…きっと大丈夫…
表参道にショップも構えたし私達…いよいよ東京で――……世界でやっていける…!!
パチパチ
パチパチ

表参道のショップ
おはよう
ざわ
ざわ
なあに？
あっ
『20471120について』
○○○子
（評論家）
大阪から出て来た
「若いデザイナーの気負いが見える」
「正直
奇をてらっただけで
何ともいえない服だ」
フー…
まだこれから
やって時に…
いっちばん…
書かれたく
ないこと
書かれたな…

この評論家有名なバイヤーさんですよね？
TVで見たことある…
ファッション業界の人がほとんど目を通す記事だよな…
こんな影響力のある人に酷評されたら…
リカちゃん？
フラ
バタン…
パタン…
…っ…
嫌もおや～!!…

ダン!!
〜〜〜っ
うっ…
ヘタ…
うっ… うっ…
ばっっ…
うっ…
うっ うえっ…
もうやめたい!
イヤや!!
もう終わりや!!
サイアク!!
若いだけの新人デザイナー
それは私が一番言われたくない言葉でした
だから心の中の声を書き散らし書き散らし
そうすれば…最後はポジティブな気持ちになれるから
でも…その時はそれじゃ立ち直れなくて

チチチ・・・
チュン
チュン
ブロロロ・・・
たい!!
イヤヤ!
サイアク!!
・・・・・・・・
カサ・・・

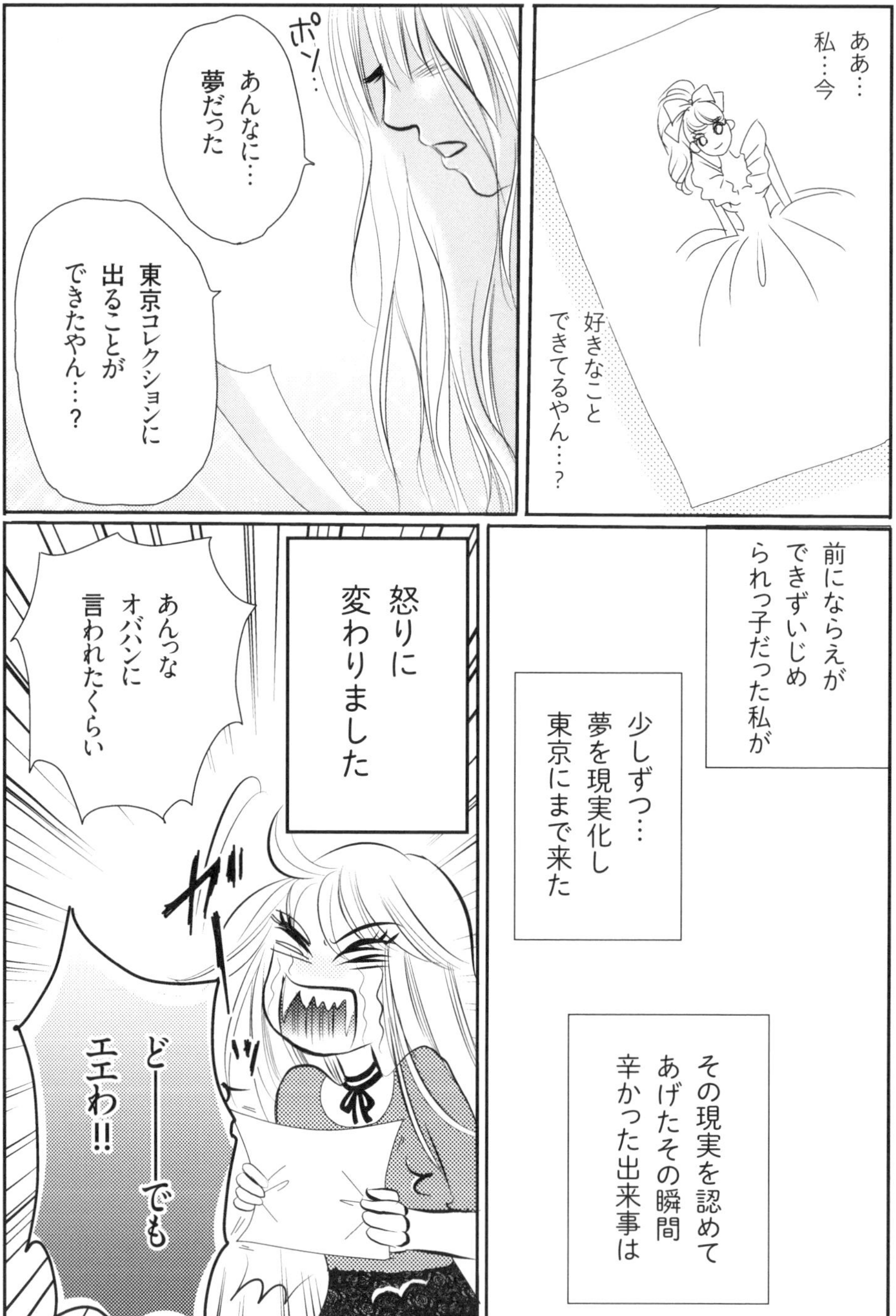

ああ…私…今
好きなことできてるやん…？
ポン…
あんなに…夢だった
東京コレクションに出ることができたやん…？
前にならえができずいじめられっ子だった私が
少しずつ…夢を現実化し東京にまで来た
その現実を認めてあげたその瞬間辛かった出来事は
怒りに変わりました
あんっなオバハンに言われたくらい
ガー
どーーーでもエエわ!!

確かに影響力のある記事に悪い評価を書かれた
これかわいい〜
わー
モデルさん→
でも…それ以上に
演出家さん→
私達のことをほめてくれる人もいたじゃないか!!
良かったよー!
それなのに…あんなオババンの発言ごときで
大切な夢をあきらめるなんてアホや!!

その時なぜ私が
死ぬほど落ち込んだ
かと言うと
悪く言った
その人の評価を
信じてしまった
からだったのです
今まで
1つひとつ
夢を叶えて
来たやん
ポン!
ポン!
あれも
できた
これも
実現した
それはたとえ
どんなに
小さなことでも
←ジャーナリストさん
あの人が
助けてくれた!
ポン!
ポン!
あの人も
あの人も
あの人も!
Tちゃん
相方
ポン!
兄
そう思うと…
感謝の気持ちで
いっぱいになり

ビクッ
ザッ
ベクトルを周りに向けるのではなく
自分自身に向けることができた時
私はやっと「自分を信じる」ということに戻れたのでした

1年後
東京――…
それ
どこの服？
これ？
「ヴェンティ」
のだよ
その頃には若者の間で「20471120」が「ヴェンティ」と呼ばれるようになり
芸能人のお客さんがショップに来ることも増え
どうも
いらっしゃいませー
そして迎えた
2回目の
東京コレクション
20471120
テーマは
「バイカーファッション」

リカちゃん 取材の人 来てるで
………
リカ ちゃん?
何 考えとるん?
うん… 実はさ
何か 違うな… と思って
周りからの 評価も ええけど
いわゆる… 優等生的な ショーというか…
こういうのが 私達が一番 やりたいショー なんやろうか
わかるわ!
オレもちょうど 同じこと 思っとったわ!!

人からの批判をはね返す方法

自分の力を譲り渡さないために

東京コレクションでの酷評は、夢のパリコレ進出までに起きたさまざまなトラブルの中でも、最大級のものでした。権力や影響力のある人に批判されると、人は圧倒されて、無意識のうちにその相手に自分のパワーを譲り渡してしまいます。そして、白分を信じられなくなってしまうのです。すると、夢に向かって前進する力がなくなります。

そんな時に救ってくれるのはやっぱり、「好き」という気持ちです。

泣きながら落書きをしている時、ふと「やっぱり、描くって楽しいな」「それでも、デザインが好きだな」と思い、私はまた自分を信じることを思い出せたのです。

そして、**今まで自分ががんばって出してきた結果に目を向け、私のデザインをほめてくれた人、助けてくれた人たちを思い出し、感謝できたのです。**

「怒り」も、夢へのエネルギーになる

自分を信じることを思い出した私に、怒りが湧いてきました。怒りはネガティブな感情だと思われがちですが、実はそうではありません。一番ネガティブなのは、自己否定です。でも、**自己否定が怒りに変わると、エネルギーが湧いてきて行動する力が生まれます。**だから、「あんなやつ、見返してやる！」と思えたら、こっちのもの。エネルギーが戻ってきた証拠です。誰かに批判されるとそのことばかりに目がいってしまいますが、世の中全てがあなたに批判的なわけではありません。どんなにすごい人があなたを否定したり攻撃したりしても、必ずあなたを信じ応援してくれる人がいます。

最悪な出来事が起きても、あなたは今までにたくさんの結果を、大小にかかわらずきちんと出しているのです。そして、好きな道を進んでいるのです。そこに目を向ければいいのです。重要なのは、起きている現実ではなく、「今この瞬間、次の現実をどう創るか＝今、自分がどう（いう状態で）あるか？」です。

今の現実は、過去に思っていたことの「答え合わせ」にすぎません。望まない答えが出たら、自分の希望する答えに変えるために、また新しく設定し直せばいいだけなのです。

批判すらも、自分が「設定」している⁉

当時を思い出して、今だからわかることがあります。**この評論家を作り出していたの**

は、私自身なのです。

自分の信じていることが現実になるとお話ししましたが、この頃、私自身が自分のことをきちんと認めてあげられず、自信もそれほどありませんでした。つまり、自分をどこかで否定していたのです。脳は、自分が心底思っていることを現実にするために、「つじつま合わせ」をします。だから、**説得力のある人に本人の思っていることをズバリと言わせ、「やっぱり本当なんだ」と思わせるのです。**

その証拠に、人から批判されても自分に心当たりがなければ、「ふーん」で終わりますよね。自分自身が批判された通りのことを思っているから、反応してショックを受けるのです。現実は、あなたの信じた通りになっていきます。いつも忘れないでくださいね。

ワーク

意識の矢印が向いているのはどっち？

つらいことや落ちこむことがあったら、「意識のベクトル（方向性）」がどこに向いているか確認してみましょう。

「自分自身」？⇒○
それとも「外側の現実」？⇒×
「自分が設定した輝く未来」？⇒○
それとも「過去の出来事」？⇒×

現実に起きる出来事に、どう意味づけするかは自分次第。現実や過去にとらわれず、自分の創りたい未来にフォーカスしよう。

それなのに…あんなオバハンの発言ごときで
大切な夢をあきらめるなんてアホや!!

6 章

痛手となったファッションショー

大切なのは「何をしたいか」

2回目の東京
コレクションでの
クールなショーが
大盛況に終わり
ファッションの
専門学校に通う
オシャレな学生の
間でも話題になり
コレ欲しいー
芸能人の
お客さんも
次第に増え
水面下で
ジワジワ来てんのは
感じてるんやけど
売上に
反映されるまで
正直体力が
もたへん！
なんせここ
表参道のショップの
家賃もバカ高いし
このままじゃ
次のショー
できひんで！
——そう
ファッションは…
ビジネスなのです

1回やったらショーをやり続けなければならない
東京コレクションに2回参加しただけじゃ無名の新人で終わってしまうで！
先輩や業界の人から口を酸っぱくして言われてきたことでした
どうしてもやりたい
ぎゅ…っ
ショーをやらないなんて考えられない！
どうしても東京コレクションをやり続けたい…！
しかも型にハマったやり方ではなく
自分達らしいファッションショーがやりたい!!
――でもお金がない
しかしこの時も――…
きっと何とかなる！
――としか考えていませんでした

そんなある日——…
墨田区の新人デザイナー支援枠がありますけど
よければ推薦しますよ！
墨田区のホール使えば会場費が無料やって～
会場費無料ならいける～～～!!
ヤッター!!
経済的問題クリア！
これまではクールなショーやったけど
なんか…もっと思い切って…楽しいことせーーへん!?
そうやな!!
これまで見たこともない服を作ろう!!
参加3回目の東京コレクション当日——…
ざわざわ…
楽しみ～
ヴェンティー♡

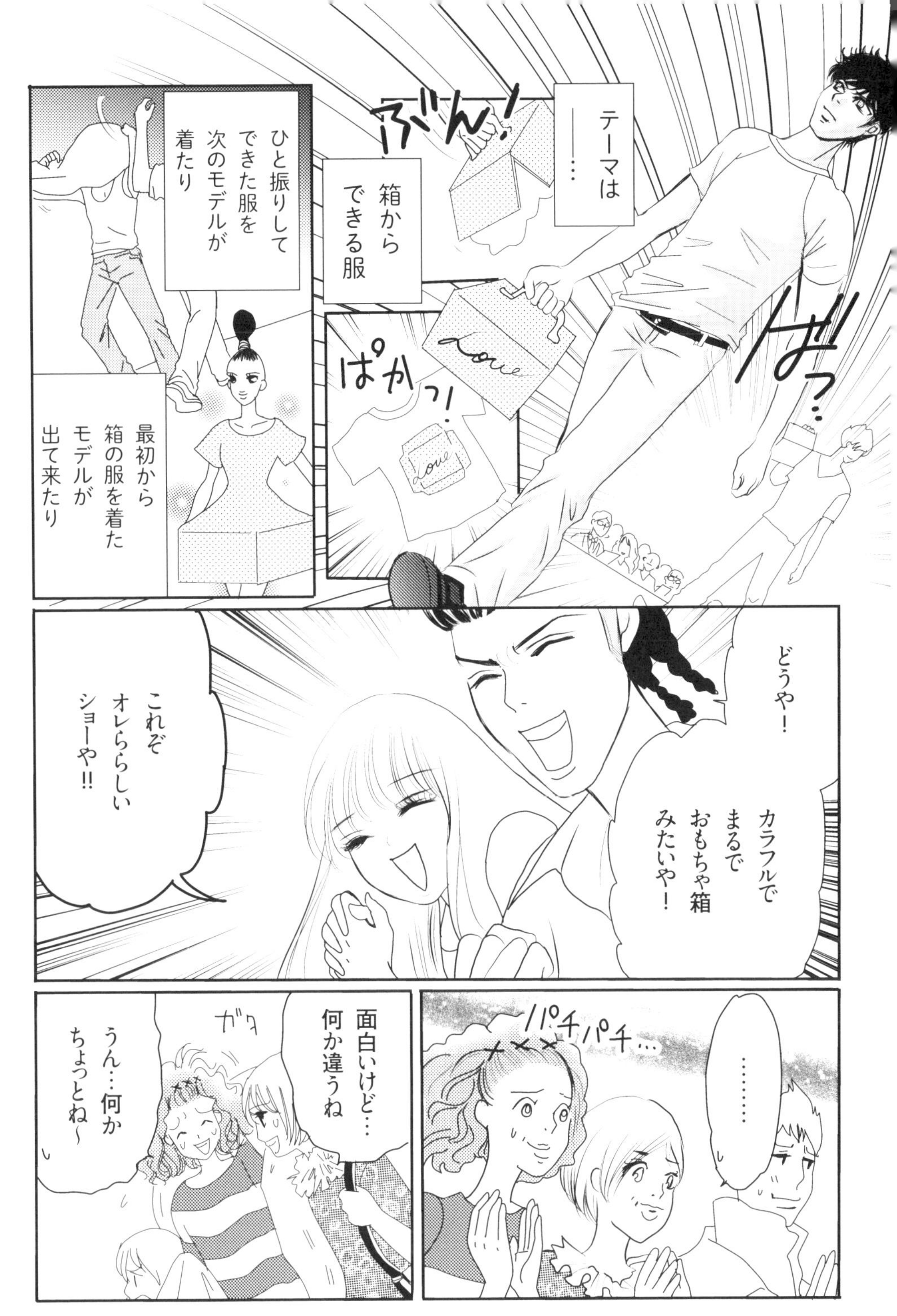
テーマは
――…
ぶん!
箱からできる服
ばっ…
ぱかっ!
ひと振りしてできた服を次のモデルが着たり
最初から箱の服を着たモデルが出て来たり
どうや!
カラフルでまるでおもちゃ箱みたいや!
これぞオレららしいショーや!!
パチパチ…
………
面白いけど…何か違うね
ガタ
うん…何かちょっとね～

評価は――……
売上に直結し
あかん…!!
全然売れへん…
どっさり…
在庫
それまでのクールなショーについてくれていたファンが
完ッ全に離れてしまったような気がしました
↑当然ファッション界のエラい方々からの評もボロクソ…
しゃーないよな〜〜……
今までクールなハードロックバンドだったのが「いきなりお前らコミックバンドか!」みたいな
あれ…?
でも…何か今回は落ち込んでない…
何でだ?
それは
なぜかと言うと
もう誰に何を言われようがどうでもええやん!!
それよりオレら…楽しむで――!!
パラリラ…
20471120
タコ焼き
大阪魂
大阪魂
総長
ブオオオ
ブオオオ

それまでは
とにかく
「認められなきゃ！」
という気持ちが
ありました
デビューで酷評を受け
「好き」を改めて感じ
そこで解放が起こり
――…
この箱のショーで
クールでモードな
壁を壊した感が
あったので
心は…
すごーく
解放されていました‼
そして…
当然の
ことながら
もともと
なかったお金が
このショーのおかげで
絶望的になって
いました…
1000

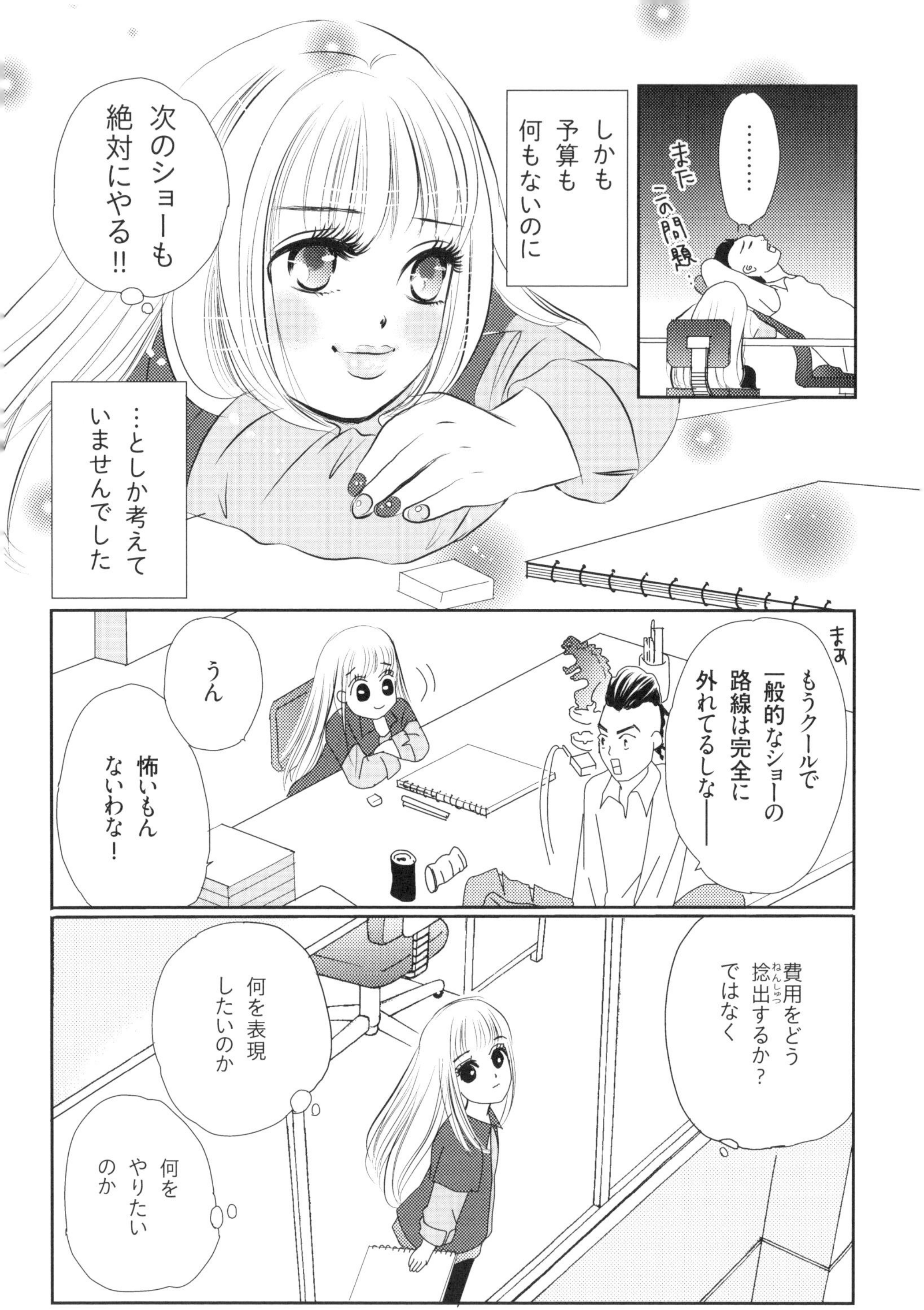
………
また この問題…
しかも予算も何もないのに
次のショーも絶対にやる!!
…としか考えていませんでした
まぁ
もうクールで一般的なショーの路線は完全に外れてるしな――
うん
怖いもんないわな！
費用をどう捻出《ねんしゅつ》するか？ではなく
何を表現したいのか
何をやりたいのか

カァ…
カァ…
ウロ ウロ
その日は アトリエに 泊まり込んで
ぐる ぐる
夕方からずっと「歩き瞑想《めいそう》」を していました
ただひたすら 部屋の中を
何時間も ぐるぐる ぐるぐる 歩き回って
あ〜〜〜… もうろうと してきた…
ドサッ…
何も思い つかない けれど
そのまま… 寝てしまい ました…
スヤ…
し〜ん

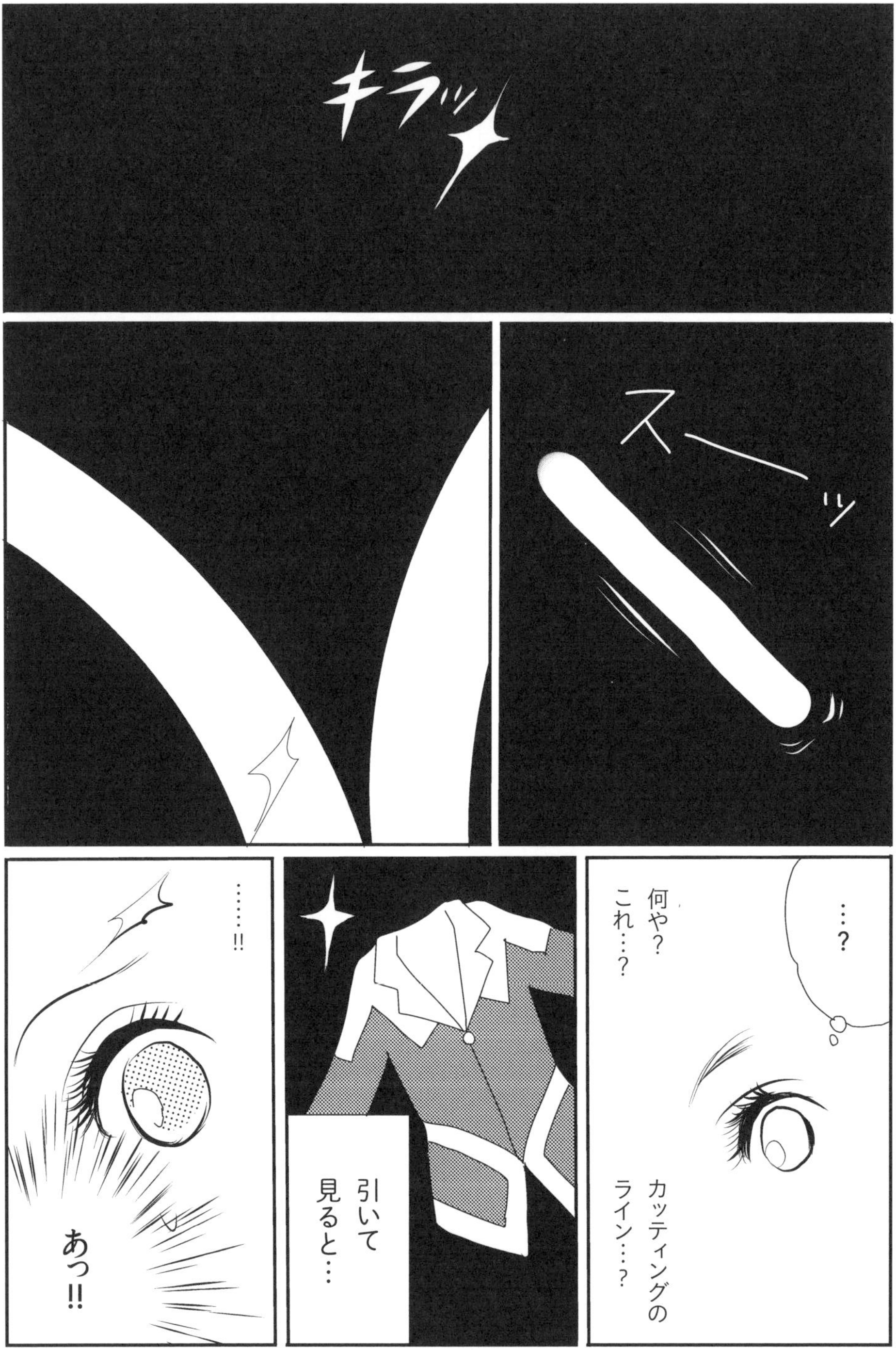
キラッ
スーーッ
…？
何や？
これ…？
カッティングの
ライン…？
引いて
見ると…
……!!
あっ!!

ウルトラマンや!!
がばっ…
ガシャ
ばっ
ザッ
確かこんな切り替えで…
ここが赤で…
ここが……
おはよ〜〜〜
あっちょうどよかった!
見て!このデザイン画!
さっきね!すっごい夢見てん!!
ウルトラマンやってん!!
コーフン!
ばっ…

おお！
ええやん!!
やろー!?
次の東京コレクションはコレやな!!
こんなんどうや!?
おーーー！イケるイケる！
エイリアン誕生もアリやで！
やばい!! どんどん出てくる!!
うおーっ
俺らは今無限の可能性にアクセスしてるで～!!
バリバリ
で！
キラ
どこでショーをやろう!?
ウルトラマンやで!?
どこでやったらオモロいやろか!?
キラ
キラ

みんなが
楽しくて
面白くて!
ワクワクする
場所って
どこやろ!?
サーカス
は!?
サーカスが
ええやん!!
一緒にやっていた
スタッフにも
話すと
ワク
ワク
おもしろい!
サーカスの
ショー
観たい
──♡
ワク
そやろ
そやろ──っ!?
早速調べて
みると
木下大サーカスが
横浜で公演する
ことがわかり……
サーカスって
ゆったら
木下大サーカス
やろ!?
ヤバイ!
イケるで!!
ワクワク
する〜〜♥
よ──っし!!
木下大サーカスに
交渉や──!!

夢に王手をかけるアイデアのつかみ方

「歩き瞑想《めいそう》」でエネルギーを高める

いいアイデアが浮かぶのは、自分のエネルギーが高い時やリラックスしている時。だから、ふだんから好きなことや楽しいことをして、エネルギーを上げておきましょう。そんな気力もない場合は疲れている時なので、十分休んでくださいね。

インスピレーションを得たい時に、私がよくやっていたのが**「歩き瞑想」**です。

瞑想なんてむずかしいと思うかもしれませんが、歩きながら行うと意外に簡単です。ただひたすら体を動かすことで、「空《くう》（からっぽ）」の状態に近づき、ひらめきが生まれやすくなります。事態を打開するヒントが欲しい時、新しい発想を得たい時、ぜひチャレンジしてみてください。

注意してほしいのですが、**「歩き瞑想」では、完璧なアイデアを得ようとするのではありません。**「あ、これやったら楽しそう」「〇〇ってやっぱり好きだ」「〇〇さんとやりたい～」など、自分の心の奥深くにあるものの確認作業になることも多々。

そのつど書き留められる「アイデアノート」をつくるといいですよ！

ワーク

歩き瞑想の仕方

1 左回りにひたすらグルグル歩く

部屋の中でも屋外でもいいので、同じ場所をひたすらグルグル歩きましょう。脳がリラックスすると言われている「左回り」に、自分の心地よいスピードで回るのがポイントです。

＊屋外の場合は、静かな場所で安全に配慮しながら行ってください。

2 目をゆるく開け、思考は放っておく

目はうっすらと開けて、前方が何となく見える状態にします。思考が湧いてきたら無理に「考えるのをやめなきゃ」と思わなくて大丈夫です。そこに意識をもっていかず、放っておきます。すると、だんだんボーッとしてきて、思考もゆるくなっていきます。

途中でアイデアが降りてきたら歩くのをやめ、メモに書き留めて、また瞑想に戻ってください。

その日はアトリエに泊まり込んで
ぐる
ぐる
夕方からずっと「歩き瞑想」をしていました

3 疲れたら、そのまま寝る

歩く時間は決まっていません。自分が「これでOK」と思ったら終了です。私は長い時では5時間以上歩いたこともありますが、歩く時間に比例して効果が高くなるわけでもありません。

最初のうちは30分くらいでも十分です。歩き疲れて寝た後、夢でアイデアが降りてくることもよくあります。枕元にメモを用意するといいでしょう。

何も思いつかないけれど
そのまま…寝てしまいました…
スヤ…

ポイント

インスピレーションは、後日フッと訪れることもあるので、数日間は自分の意識に注意を払ってください。歩き瞑想は、イライラしたり感情が高ぶったりした時、自分を「空」の状態にするためにもおすすめです。はじめは短時間からチャレンジして徐々に時間を延ばしていきましょう。何度か繰り返すうちにコツがつかめ、手応えを感じられるようになります。

漫画家・高坂《コウサカ》がLICAさんに聞いてみた！ PART 1

おまけマンガ

やりたいことが見つからない!?

ポイントカードは捨てなさい

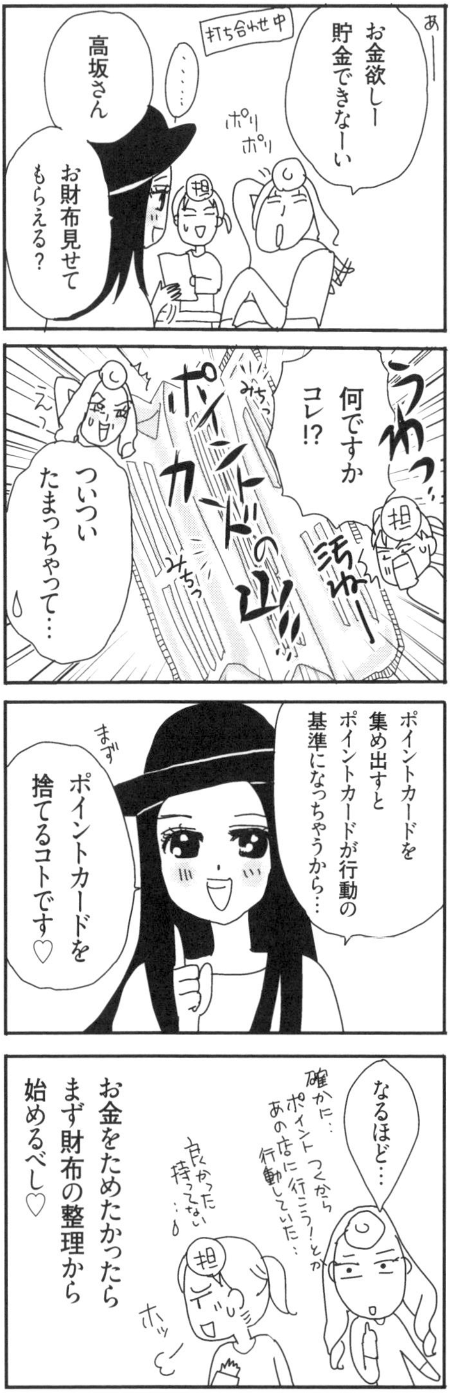

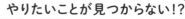

7章

前代未聞！サーカス団とのコラボショー

「ひらめき」の見つけ方

「木下大サーカス」と「ウルトラ」のファッションショーをコラボさせたい！
次の東京コレクションのショー会場はサーカスで!!と決めた私達
早速サーカス側に交渉や!!
横浜かぁ…しかもちょっと駅から遠い場所にあるなぁ〜〜
兄↓
ま、サーカスってスペースが必要やから仕方ないが…
MAP
年2回の東京コレクションウィークにショーを行うブランドは
バイヤーさんやジャーナリストが来やすいように都内のメジャーな場所で行うのが普通でした
※東京の原宿や六本木、恵比寿など
私たちは異例なことをやろうとしているのかもしれない…
けど…どうしてもやりたいことは曲げられへん
着いたでここや

こっ…これがサーカスの裏側!?
すごいすごいすごい――っ♡♡
ぴょーん
ぴょーん
キャーン
めっちゃわくわくするわ――っ
テントからトラ出て来るんとちゃうか――っ
ぐる
ぐる
あっ……ここかな事務所
すみませんお電話した者ですが…
どうぞ
しーーん..
………
………

そんな話 ムリですよ
定休日に場所だけを使うというならまだしも
うちの団員を動かすというのなら——
その日1日分の人件費はどうなりますか?
う…
あ…
人件費…
もういいですか
明日の準備があるので
シャッ

……そうか
カア
カア…
人件費か～～～
まぁそーやろな
むこうだって団員の生活かかっとんのやし
1日の人件費ってどれくらいなんやろ…
トボ
トボ…
とてもじゃないけど…今はそんなお金ナイなぁ…
いやでも絶対にやりたい！
もう私にはそれしか見えへんねん
――そう
脳は質問し続ければ必ず答えを出してくれる
ウルトラマンのアイデアの時もそうだった！
どうやったらできるか？
どうしたら実現するか
ワクワク
私の中ではすでに「断られた」というショックな出来事にフォーカスするより
NO!
じゃあどうやったらそれができるか!?の光のほうにフォーカスしていました

そうや！絶対やるんや！
トラに変わるヤツをやるんや！
はっ
そうや……!!
チケット制の有料ショーにすればええんとちゃうの!?
要は会場を満員にすればいいわけで…
私たちは別に儲《もう》けが欲しいわけちゃうんやし
興行収入の問題なんやから会場をいっぱいにしてそのチケット代を渡せばええやん!!
え…でもファッションショーなんて普通はタダで見られるもんじゃないですか…！
スタッフ
今までどこもやったことないのに…
東コレでそんなことやっていいんですか…!?
ざわっ

ええやん!!
何で今まで気づかへんかったんやろ!!
それ行こ――!!
当然色々意見もありましたが
前回コケた箱のショーにより私たちの中でとっくにカベは壊れていたので
でも
本当にいいの?
だけど…
※たいがい自分の中の不安な気持ちを常識的な周りの人が代弁してくれる
もーえーやん!! 色々考えんとやったろーや思いっきり!!
もうどうとでもなるわ――っ
トンデ変わるヤツやるぞ――♡
強くなったな妹よ……
兄ちゃん具体的な数字出したるわ…
というわけで
「チケット制にする」というアイデアと見積書をもって再度お願いに行きました

会場を満員にして1日の興行収入を保障します！
私たちはまだメジャーではないけれど
もっともっと行くぞ！という夢をもってやっています
お願いします‼
私たちの「ウルトラ」をテーマにしたショーにはサーカスとのコラボが欠かせないんです ワクワクしたいし してもらいたいんです！
………
わしらも最初は全く資金もなく
本当に…やりたいという気持ちしかなくて地道に木下大サーカスを大きくしてきたから
あんたらの気持ちはよくわかる…

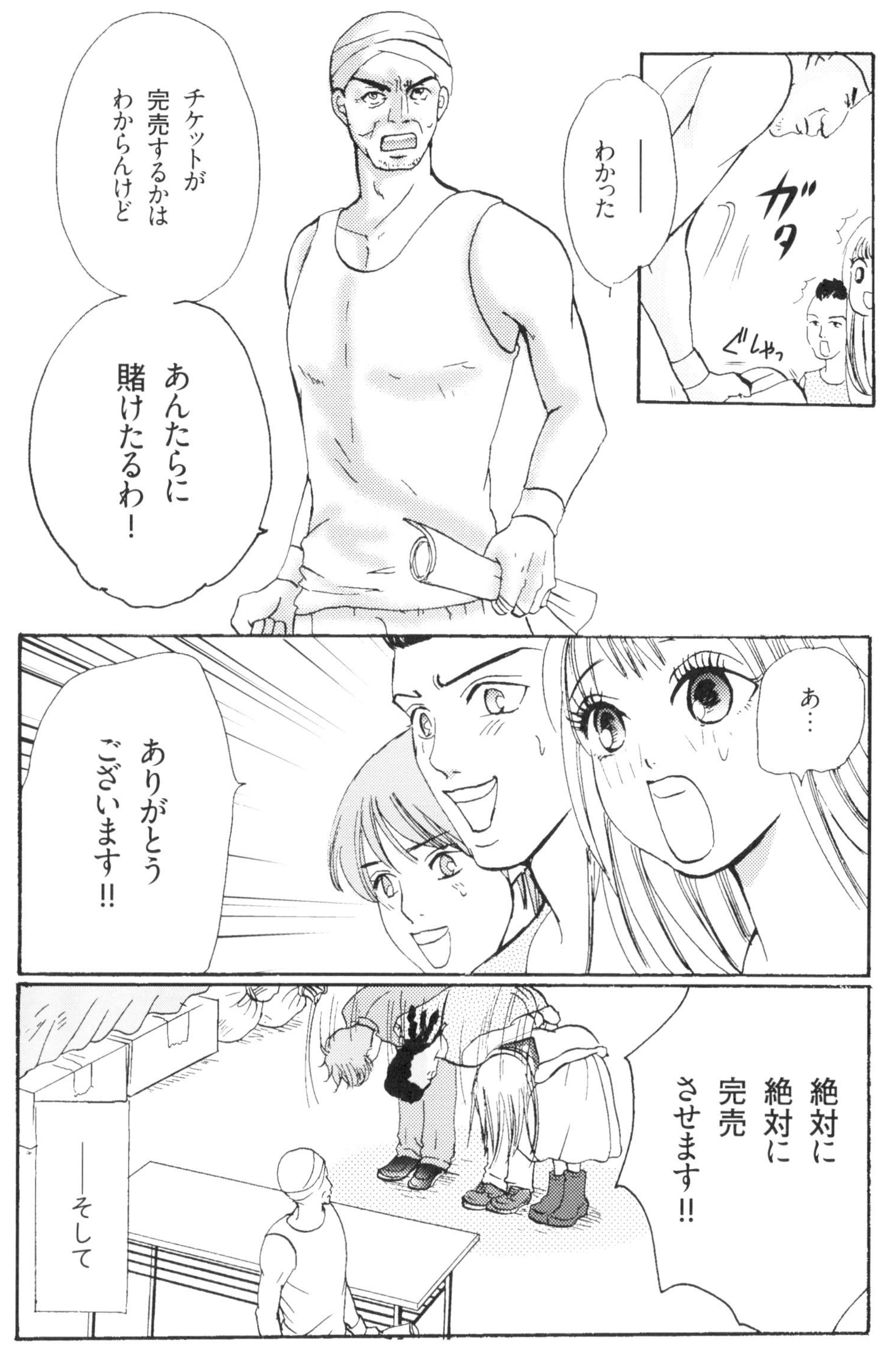
――わかった
ガタ
ぐしゃっ
チケットが完売するかはわからんけど
あんたらに賭けたるわ！
あ…
ありがとうございます!!
絶対に完売させます!!
――そして

色々考えた末相方の幼少時代のノートの落書きから生まれた
タコヤキくん
「ヒョウマ」というキャラクターを出してみました
その「ヒョウマ」とサーカスのピエロが対決するという
ちょっとレトロな感じのポスターを作ってみたり
そのアイデアをおもしろい！と言ってくれた雑誌が
木下大サーカス
無料で巻末コーナーの隅に小さく載せてくれたり
東京や大阪の専門学校にチラシを持って
配ってまわったりしました
これくらいしかできひんけど
今の自分たちの力でできることは全てやった
あとはもう天にお任せや!!

私たちは当時のオシャレな専門学校生の間では知られていましたが
そこまでメジャーではなかったので
こんなことで果たしてどこまでチケットが売れるのか全然わかりませんでした
どうしたのお兄ちゃん
やばい…やばいで
お前らこっち来てみ！
な…何やこれ！
全部……現金書留……!?

信じられないことに
毎日恐ろしいほどの現金書留が届き
アカン!! もう机の中に入りきらへん!!
ギュウ
ギュウ
すごい…すごいなぁリカちゃん…
前回の東コレの墨田のショーはコケたけど…
自分たちが思っていた以上にファンがついてきてくれてたんや!!
ファンは…私たちのことを
ちゃんと見てくれていた……!!
早速団長にも報告し
お金……払えそうです!
そうか!よかったなぁ…!!
サーカス側と何度も打ち合わせをして
空中ブランコは使いたいです!!
トラは絶対に出したいです!!
ピエロもよければ出したいです…
上映中
もじ
もじ

東コレトップの演出家に入ってもらい
それまでモデルは外国人でしたが雑誌で活躍中の日本人モデルに替え
出演するサーカス団員にもウルトラの服を作って着せてみたり
えっ
自分たちもモデルとしてランウェイを歩きたい？
そして迎えた木下大サーカスとのコラボショー「ウルトラ」

あのモデル
○○君
じゃない!?
○○くーん!!
ショーは
4部構成に
なっていて
間に美女が
トラに変わる
イリュージョンあり
ラストは
空中ブランコあり
ヒョウマくん
プリントの
ニット
「ウルトラ」の
服
ヒソ
あの人さっきの
トラ使いの
人じゃない…?
ヒソ
そして
ショーの
終了後
おつかれー
皆喜んで
くれて
よかった
なぁ~~
あっ
きたよ!
大阪から
バス2台
チャーターして
きました!!
もう…
めっちゃ
よかったです!
サイコー
でした!!
えっ
え!?

リカちゃん…
写真撮って下さい
ギュ
ゅう
あきらめないで本当によかったなぁ……!!
ギュ
ゅう
サイン下さい!!
ホンマ…もう最後の最後でギリギリの賭けやったけど
自分たちのやりたいことを信じて選んで来てほんまによかったなぁ…!!
握手して下さい!!
……っ
ホンマやなぁ…!!
さらには思いがけないことに
このショーがきっかけでヒョウマのキャラが大ヒットし
ラスト1コ!
それに何よりこのショーの大成功のおかげで
その後の服の売れ行きがうなぎ登りになっていったのでした
原宿

自分の限界をサクッと外す方法

「どうすればできる？」にフォーカスする

夢への階段を駆け上がる時には、自分自身の枠を越えて、大きなチャレンジをするタイミングが必ず来ます。その時は、「やっぱりダメかも」ではなく「これやりたい！　だから、どうすればいい？」と、自分の気持ちにベクトルを向けましょう（102ページのワークを思い出してくださいね）。すると必ず突破口が開き、解決策がひらめきます。

そしてその答えが、新しいステージへとあなたを運ぶきっかけになります。**「やりたいこと」「ワクワクすること」にフォーカスして考え続ければ、必ず脳は答えを出してくれます。**なぜなら、**ワクワクする気持ちは、自分のエネルギーを上げるから。**すると直感力が鋭くなり、過去や常識に縛られないとびきりのアイデアが浮かぶのです。

「光の相方」と一緒に進んでいこう！

でも大きなチャレンジをする際には、不安や迷いが出てくることだってありますよね。

私の場合、相方がいつも「光の部分（肯定的な側面）」を見ていたので、一緒にいる私の視点や思考パターンも徐々に変わり、絶対に成功できると確信できるようになりました。

あなたも、**つねにポジティブな方を見る「光の視点」をもった架空の存在「光の相方」を、自分で創ってしまえばいいのです。**そしてくじけそうになったら、「光の相方なら、何て言うかな？」と考えてみるのです（私の相方を想像してもらってもいいですよ！笑）。

きっとどんな時も、「大丈夫！　イケる、イケる！」「これ、チャンスやで！」と答えるはずです。光の視点から見れば、実際にそうですから！

ただ、恐れや心配はよくあることですし、なくさなきゃならないものでもありません。光の側面と影の側面、どちらを見るかは自分自身で選べると、ただ知っているだけでいいのです。

もし、周囲の人があなたをへこませたり、不安にさせたりすることを言うのなら、それは、**あなた自身の内側にある気持ちを代弁してくれている**と思ってください。

まず、「ああ、自分が言わせているんだな」と、それらの否定的な言葉を受け止めましょう。そして、「でも、大丈夫！」「でも、実現させたい！」と自分の気持ちを確認しましょう。

そうやって進んでいくと、ある時ふと、自分の古い枠がすっかり外れていることに気づくはずです。

自分の枠を外したいなら「怖いこと」をする

枠を外す、効果てきめんな方法があります。**自分が一番怖いと思っていることをするのです。**私は、ジェットコースターが大嫌いなのですが、「人生で、次のステージに行きたいな」と思う時はあえて、激コワなコースターを選んで乗りに行きました。もちろんすごーく怖かったけど最高に気持ちよくて、激コワをクリアした後は、「私、何でもできる！」と思いました。

あなたも思い切って、「これだけは無理！」と思うことをやってみると、世界が広がりますよ。例えば、「会社を1週間休む」でもいいんです。最高に怖いですよね！

私のアドバイスを聞いて、実際に1週間の有給を取った人がいますが、「絶対できないと思ってたけど、意外に大丈夫でした！　やりたいことをやっていいんですね」とスッキリした顔をしていました。

怖いことをすると、「自分にもできる！」という自信が芽生えます。その自信が、自分の限界を突破して、新たなステップに踏み出す勇気をくれるのです。

8章

夢の光景を見た日

無謀な夢でも叶えられる

20471120《トライヴェンティ》のサーカスのショーの記事見た!?
へ――!
何か面白いことやるブランドだな!
ショップ行って見よ――!!
あるかな
欲しー!!
ワク
キラ
キラ
ワク
ワイ
ワイ
ん――……
お客さんも増えて来たし
もっと広い店出したいなぁ~
せやなそろそろ……
おっ
裏原宿にええ物件出たようやで
――と言うわけで不動産屋さんに行く前に
夜中にこっそりその物件を3人で見に行ってきました
そ~~っ…
ぺったり…。

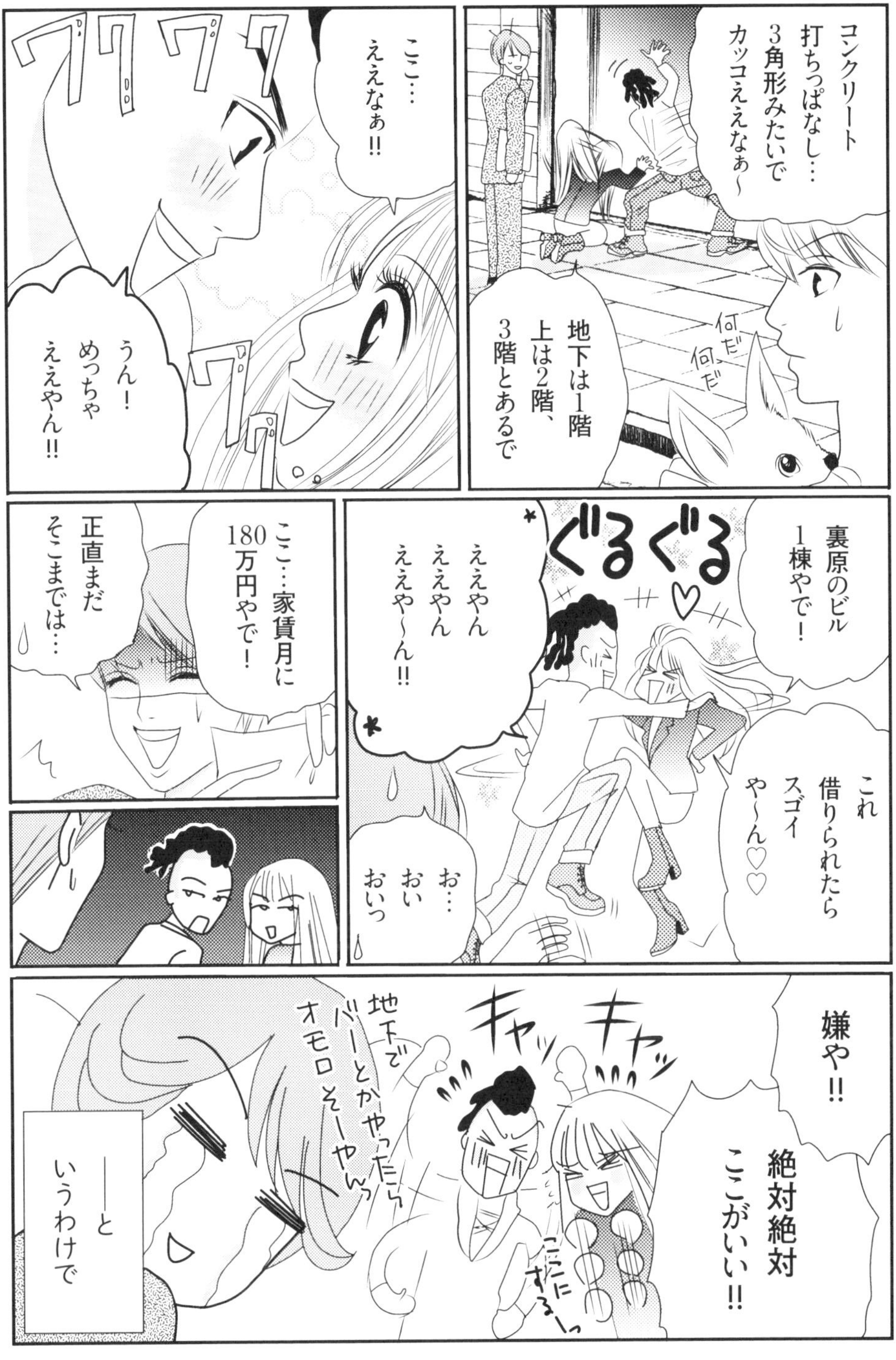

コンクリート打ちっぱなし…3角形みたいでカッコええなぁ～
何だ何だ
地下は1階上は2階、3階とあるで
ワクワク
ここ…ええなぁ!!
うん！めっちゃええやん!!
裏原のビル1棟やで！
ぐるぐる
ええやんええやんええや～ん!!
これ借りられたらスゴイや～ん♡♡
お…おいおいっ
ここ…家賃月に180万円やで！
正直まだそこまでは…
嫌や!!
絶対絶対ここがいい!!
キャッキャッ
地下でバーとかやったらオモロそーやんっ
ここにするーっ
――というわけで

裏原宿の1等地にあるビル1棟を
20471120
めちゃくちゃ思い切って借りることにしました
内装のテーマはサイバー遊園地
ハンガーに服をつるしそれがカタカタ回る
※後にビームスが取り入れた
店内に動くハンガーや観覧車を設置し
小物をのせて回る
動く什器はすべて父親が実現してくれた
「什器《じゅうき》が動く」という画期的なやり方と相方が提案した照明の斬新さとで
ネオンアーティストの友人作

雑誌『商店建築』をはじめ、多くの雑誌に取り上げられ
商店
海外からもデザイナーが大勢リサーチに来るようになり
ジョン・ガリアーノなど。
新しいショップには開店直後から行列ができるほどものすごい勢いでお客さんが増えていきました
わいわい
すごい……
今日もこんなに来てくれてるで！
ほんま…あのサーカスのショーの前は考えられへんかったな……
じ〜ん…
ほんまありがたい!!
ありがたいなー
そろそろ…次のショー何やるか考えんとな！
次の東京コレクションどこでやる!?

前回のショーの成功で「このブランドは突拍子もないことをやるブランドだ」という認識がついたので
どこでやろうともファッション界はついて来てくれました
どこでも行きまーすv
「HEDI-BOOZ《ヘッドイボーズ》55」なんてどう!?
イメージとしてはスター・ウォーズ的な感じで…
「ヘッドイボーズ帝国軍とそれに立ち向かうヒョーマ軍」とか!!
地球防衛軍的な…
おおっ ええや〜ん ワクワクする!!
で? 場所どこでやる!?
遊園地とかえーやん!!
ワクワク
ワクワク♡
えーなぁ それ行こー!
みっふん!
はっ!!
スグ探して参ります!
シュッ
当時2人の側近&広報・みっふん
見つけました!!
めっちゃ早いやん……
シュッ
できる子

浅草の花やしきが借りられそうです!!
――というこことで
なんと浅草花やしきを借り切って
ファッションショーを行うことになりました
ざわ
ざわ
どこから来たのー!?
あ…私達は大阪から…
早く観たい
す…すごい前回同様チケット制にしたのに
インカム
もう…満員です!
そーやろそーやろ!
だってこれバイヤーや業界の偉い人やマスコミに向けてのショーちゃうもん
完っ全にオレらと顧客が楽しむためのショーやからな!!

パリッ…
地球暦
1997年…
地球に降り立つ
イボーズ軍
キャー!
ヴェンティー
キャ
岩のような
凹凸のある
ワンピース
ペチコートは
グラデーション
イボーズ
キャップ
メンズウールの
本格的
テーラード
ヘッドイボーズ星から
イボーズ軍が
地球上に降り立ち
地球を侵略しようと
したが……
最後には愛と希望を
地球にもたらす…
というストーリーで
なっ…何だ!?
派手な若者が
皆、花やしきにっ
ここは…
原宿!?
とりあえず
行ってみよう!
ゾロゾロ
たまたま通りがかりの
TV局スタッフ

お昼のニュースの
番組スタッフが
取材に来て
Fire55
その様子が
テレビで放映
されるくらいの
盛り上がりでした
この頃には
経済的不安も
一切なくなり
また出す
アイデアが
バンバン売れ
いつの間にか
20471120は
20471120
年商30億円を叩《たた》き出す
ファッションブランドに
成長していました
コツ
コツ
急がなきゃ…
打ち合わせ
遅れちゃう

Tokyo / Ego
2047112

「いつか
自分の力で
パリコレに出て
原宿を
自分の服を着て
歩く若者で
いっぱいに
したいねん!」
あの
男の子の
服も
あの
女の子の
服も…
全部…
うちの
服だ…
ああ…
何にも
なかった頃に
思い描いた夢が
いつの間にか
現実に
なってる…!!
20471120
ばっ…

東京の原宿の
1等地に
ショップを
出している自分
20471120
自分のブランドを
着て歩いている
若者たち…
どんなに
カベに
ぶち当たっても
自分を信じ
やりたいことを…
ワクワクすること
を選び
仲間とともに
ただひたすら
光の方向に
突っ走ってきた
ああ
この世界って
本当に全て
自分が
創っているんだ
〜〜〜……

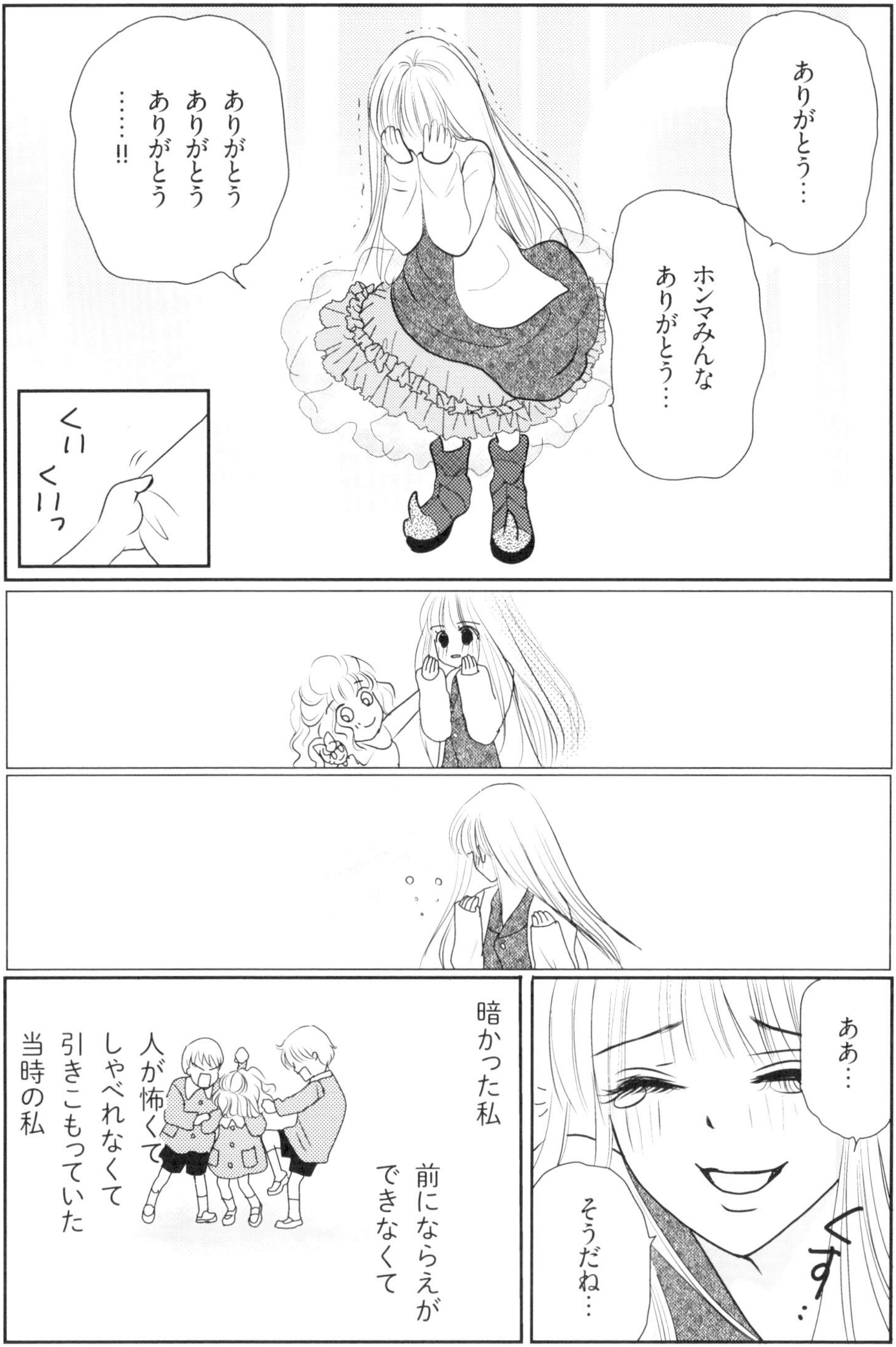
ありがとう…
ホンマみんな
ありがとう…
ありがとう
ありがとう
ありがとう
……!!
くいくいっ
ああ…
そうだね…
くす…
暗かった私
前にならえが
できなくて
人が怖くて
しゃべれなくて
引きこもっていた
当時の私

これは…
絶対に絶対に
私だけじゃ
ない……!!
きっと
誰にでもできる
ことなんだ……!!
20471120

ー
さて！
次のショー
どうする!?
……
あのさ
考えたん
やけど…
そろそろ…
パリコレ
ちゃうん？
パリへ……
世界へ
行こう！

願いを現実にするイメトレの魔法

具体的なイメージが現実化の近道

自分がデザインした服を着た若者で、原宿を埋め尽くす……。ずっとイメージしていたシーンを、実際にこの目で見た瞬間、私はまるで魔法にかかった気持ちでした。幸せと感謝の気持ちでいっぱいになり、涙が溢《あふ》れてきました。そして同時に、**「これは私だけじゃなく、みんなが絶対にできることだ」**と確信しました。イメージの力は、本当に絶大です。**願いが叶《かな》ったシーンを繰り返し思い浮かべ感じることで、現実化に向けて、一歩ずつ近づいていきます。**イメージのビジュアル化に自信がなくても、問題ありません。試しに、まずリンゴを、次にミカンを思い浮かべてみてください……どうですか？　ちゃんとイメージできますよね。それができれば、あなたが実現したいシーンもしっかりイメージできます。イメージ力も水泳と同じ練習なんです。思いきり楽しみながら、「こうなったら最高！」「こんなことやりたい！」と思う場面をイメージしてくださいね。その**心躍る感覚**が、あなたを憧れのシーンへと導いてくれます。

ワーク

魔法のイメトレをやってみよう！

1 自分が今もっとも実現したいシーンをイメージする

私の場合はパリコレ。テレビで観たパリコレのファッションショーのシーンを何度も思い浮かべました。あなたはどんな場面を現実化したいですか？　最高にハッピーだと思えるシーンを、じっくり思い浮かべましょう。できれば、細部までくわしくイメージしてください。

2 1のシーンを何度も思い浮かべる

夢を叶えた場面がイメージできる写真や雑誌の切り抜きなどを見ると、具体的なイメージが湧きやすくなります。眠る前や朝、バスタイムなど、自分のタイミングに合わせて時間を決め、毎日の習慣にしましょう。電車の中などのすきま時間を使うのもおすすめです。

3 その場の雰囲気を五感で感じる

1の場面にいるあなたの耳には、どんな音や言葉が聞こえますか？　何が見えて、どのような香りがしていますか？　あなたを照らす光、着ている服の肌触り、温度や湿度、手や足の感触など、五感をフルに使ってイマジネーションを働かせ、1のシーンを味わいつくしましょう。

私の場合は、ライトの熱を実際に身体に感じるようになりました。

4 その場の雰囲気を五感で感じる

五感を働かせてイメージすると、そこに、自分が本当にいる気分になっていきます。その時あなたの中には、どんな感情が湧いてくるでしょう？　どんな気持ちになるでしょう？　その場にいる自分になりきって、感じてみましょう。その時の喜び、感動、感謝をリアルに感じられたら、パーフェクト。

あなたの夢は必ず叶います！

はじめはうまくできないと感じても、繰り返すうちに次第にコツがわかります。焦らず、思いきり楽しみながら続けてくださいね！

漫画家・高坂《コウサカ》がLICAさんに聞いてみた！ PART2

おまけマンガ

人の言うことが気になる時

面倒くさいの対処法

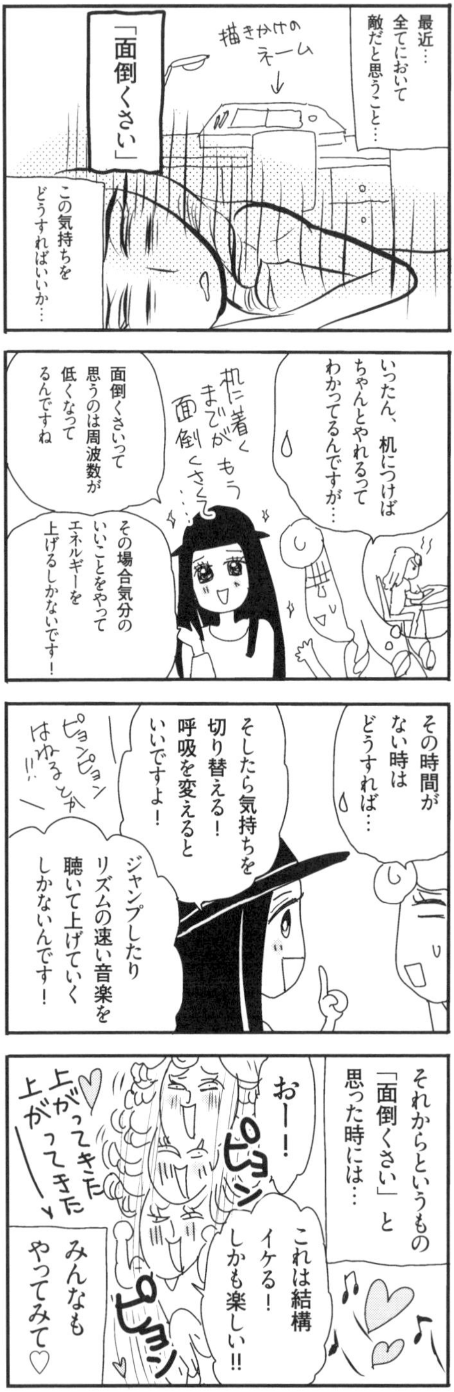

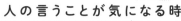

9章

そして、夢のパリコレへ

自分の「内側」が現実を創る

パリコレに出る！と決めた私はスタッフを連れて
フランス語の出来るスタッフ
パリコレに出るために必要な※アタッシュドプレスを探しにフランスに渡りました
※アタッシュドプレス…プレス屋。PR会社のようなもの。ショーに出るために絶対必要。
やっぱり…パリは敷居が高いんですかね
うう…
どこにも受け入れてもらえない……
元気出しーや！
ぐっ
でもここであきらめたらアカン！
きっと自分達の良さをわかってくれるプレスが見つかるはずや！
すると…ある1つの大きなアタッシュドプレスが
素晴らしい!!
日本っぽくてアバンギャルドでおもしろいわね！
まだ若いのにそこまでやるなんて感心だわ
私がついてあげるわよ♡

あ…ありがとうございます！
パリコレに出られることが決まった瞬間でした
20471120
20471120
大喜びでパリにアパートを借り
日本から皆を呼んでパリコレの準備をすることに！
テーマは「エヴァンゲリオン」！
私と相方がハマったアニメをテーマにしました
全てが順調に行くかと思えましたが問題が…
…おはようございまーす!!
しーん…
……
……
社長さん…また暗くなってる…
一体何が…
ヒソ
ヒソ
ちょっと感情の浮き沈みが激しすぎるよね…
彼氏と別れたのかな…？

パタン…
その社長がクセ者で
ドーンと落ち込んで暗くなったかと思うと
HAPPY♡
おはよう皆さん!!
バッ
ゾ…
今日もとっても素敵な1日になりそうね!
うう…どうしよう…めっちゃ
ビク
ビク…
振り回される…
言うことが毎回変わるよ…!!
キャハーッ
キャハーー
ピョンッ
ピョンッ
夢のパリコレなのに言葉も通じないうまくコミュニケートできない!!
社長への不信感でものすごくストレスが溜《た》まりました
でも…あと少しだし…
せっかくついてくれたんやしガマンしよう
そしてパリコレの3日前
ついに…事件は起こりました

な…何て言ってるの!?
さ…さぁ
オロ オロ
すごい早口で聞き取れません でも怒ってる!!
‥パサッ

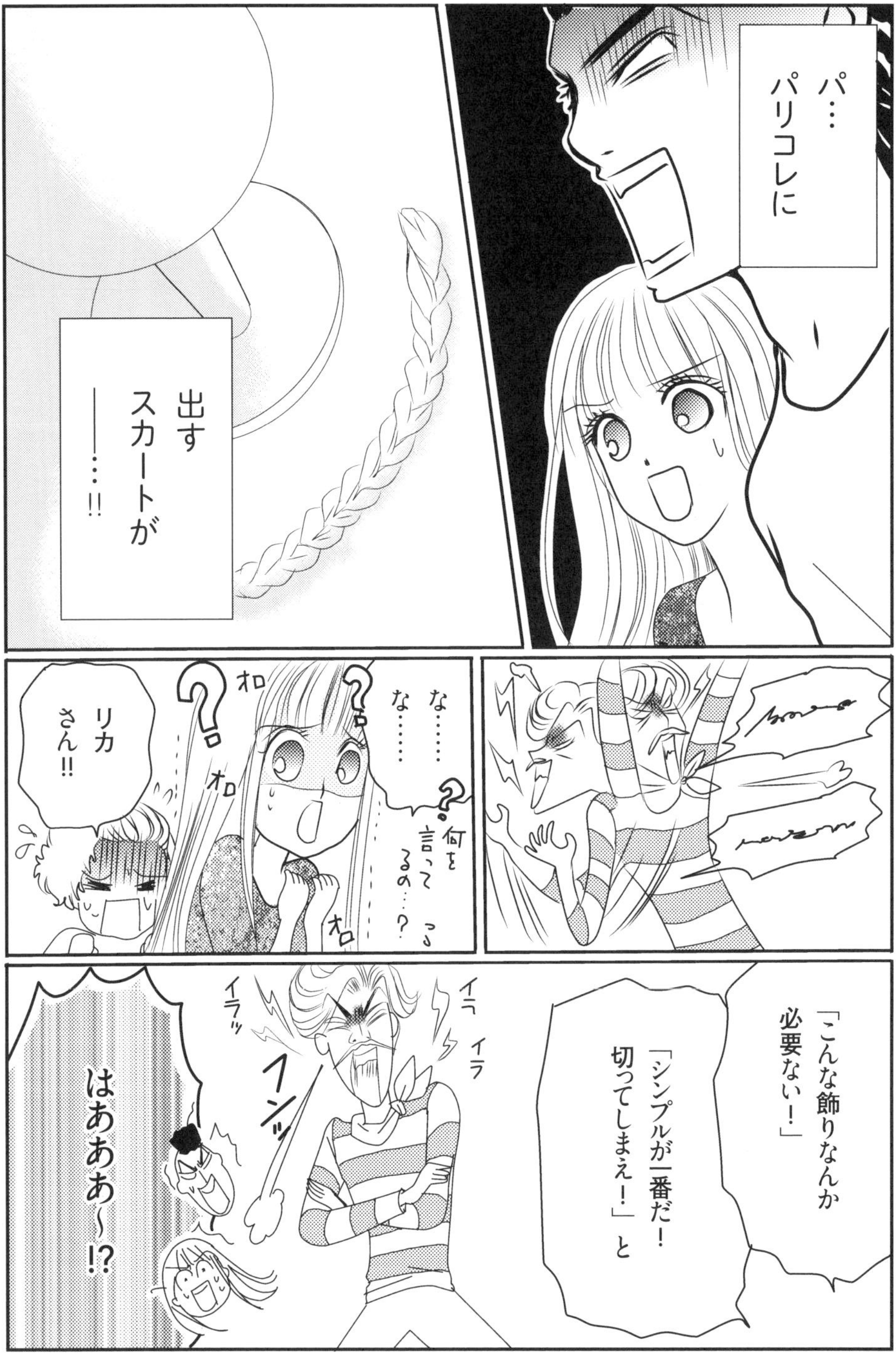
パ…
パリコレに
出す
スカートが
――…!!
な……
な……
何を言ってるの…?
オロ
オロ
オロ
リカさん!!
「こんな飾りなんか必要ない!」
「シンプルが一番だ!
切ってしまえ!」と
イラ
イラ
イラッ
フンッ
はあああ～!?

何すんのや このオッサン!!
アホか!!
↑日本語で怒鳴りまくる2人
そうや！どーしてくれんねん！
ゼクッ
ただのスカートになったやんか!!
バアン…
「もうアンタらの面倒はみない」
「ここからは勝手にやってくれ」と言っていました…
えーーーっ
そんな…
パリコレでプレスが来ないんじゃ…
オレ達…もうムリちゃうん？
オレら一体何のためにパリまで来て…ショーをやろうとしてるんやろな

ガクガク
どうしよう…
ガクガク
でももう本番は2日後だし…やるしかないですよ…
うん…
うん…
そうやな…
ザワ
いよいよ――…パリコレ当日
ザワ
ぽつーーん…
ザワ
ザワ
パリコレ初デビューなのに…
ブツ
ブツ
服は…切られるわ…
プレスのトップは来ないわ…
イタリア人のモデルさん
Are you OK？
えっ
あーーっ いたいた！
探したわよーっ

たくさん人が入ってるわよー さすがね！
ちゃーんと重要なプレスも来てくれてるわよ！
日本の有名な雑誌の編集長
どうしたの？あなたちょっと緊張してるのね
大丈夫よ！
私達が一番前で見ていてあげるからねっ！
ポロッ…
Are you OK?
はわわわわ…!!
ありがとうございます…
本当に…ありがとうございます…!!
結局そのプレスの社長は来なかったのですが会場は満員
パリの新聞に大きく写真が掲載され
パリコレデビューは大成功といかないまでも成功という形で終わりました

社長とうまくいかなかったのは
私自身が「不信感」というエネルギーを出していたからと反省しての帰国
次の東京コレクションもパリコレと同じ「エヴァンゲリオン」で！
やっぱり…オレらのショーは…モード…アート…
そして…エンターテインメントや！
関西人気質
もっともっとスゴイの創るでっ!!
Hey
角川映画のプロダクションから借りた巨大な照明
大がかりなヘリポートを借り
ローラーブレードナンバー1チームやたくさんの大道芸人達が出演します
火吹き芸人
足長ピエロ
ワクワク
これぞオレらのファッションショーや!!
もう思いっきりバクハツしたるでーー
――が
ザザザァアアア…
何でやねん！こんな大がかりな屋外のショーやのに
何で当日雨やねーん!!
中止!!
中止！
ザワ
ザワ
電気使ってるから気ィつけや

バラバラ バラ‥
どうか…どうか
ショーが成功
しますように!!
来てくれた皆や
協力してくれた人が
良かった!って
思って帰って
くれますように
ブツブツ
うおーっ!!
始まるぞ!!
雨も止んできたし!
スチャ…
おお…!!
ザザッ…!!
っしゃ!!
5000人
大盛り上がり
やで!!
あ〜〜〜っ
お願い!
もう雨
降らないで!!
今からが一番
見て欲しい
ワンピース
なのに…!!
キャーッ
あっ…
また
降りだした…
やだ
ポツ
ボウン
キャアアア…!!
リ…
リカちゃん
ちょっと…
見てみ!!

すごくすごくキレイ…
まるで鏡の上を歩いているみたい……!!
あんなに恨んでいた嫌っていた雨が――…
ここ一番の時に
奇跡を起こしてくれた――
ああ…
奇跡や…!!

きれいやな――…
うん
やったなオレら
やりたいことはすべてやり尽くしたな
絶望的なこと嫌なこと本当にたくさんあったけれど
全てが起こってよかった
川の流れは完璧だった
リカさん相方さんフィナーレです!!
わあっ…!
…なぁリカちゃん
ん?
次は…何がやりたい?

オレ…
オレな
ここからは
やっぱり
アートが
やりたい！
……
そっか
私…
私は…
………
ただ…1つ
わかって
いることは
私達には
過去も
未来もない
今……
この瞬間しか
ないって
ことやから
きっと
何歳からでも
遅くない！
何でも
できる！
だって今この
目の前の現実は
自分自身が創っ
てんのやから!!
うん！
ホンマ
そうやな！
あっ
ほら
行くで！
ヒュルルル‥

思い込み（ビリーフ）は変えられる

現実は自分の内側を映し出しているだけ

身の回りの人間関係は、自分の**「思い込み（ビリーフ）」**をそのまま反映します。

あの社長との間にトラブルが起きたのは、私の中に「言葉の通じない相手に対する不信感」「パリという慣れない土地での不安や苛立《いらだ》ち」「パリコレでの評価に対する怖さや自信のなさ」があったからに過ぎません。**自分自身を信じきれていなかったことが原因です。**

その一方で、励ましてくれたモデルの男の子や、ファッション誌の編集長、私たちを評価してくれた人々もいました。それは、「ようやく、ここまでやってこられた」という**私の満足感が創り出した現実**でした。現実は、自分の内側を映し出しているだけ。

このしくみが理解できると、一見トラブルに見える出来事が起きても、「新しい現実を創るチャンス」だと気づけるので、瞬間瞬間が楽しくパワフルになっていきます。

自分がどんな思い込みをしているのか、それに気づくためのプロセスを次ページのワークで紹介しているので、ぜひ役立ててくださいね。

ワーク

思い込み（ビリーフ）外し

1 日常会話の中や人の話を聞いていた時、考え事をしていた時などに、自分の中に違和感が生まれたら、それを認識する。
違和感の例：胸がモヤモヤしたり、重い感じがしたりする。不安がよぎる。イラっとする。怒りが込み上げてくる。急にドキドキする。

2 できれば早いうちに紙とペンを用意して、次の手順に従って書き出しながら、その違和感を生んだ自分の思い込みを分析する。

●第1ステップ：状況を分析する
(1) 違和感が「起きた状況」を書く。
(2)「その時に感じたこと」を書く。
(3)「なぜ、そう感じたのか」を書く。　→ここ大事！

●第2ステップ：自分にどんな思い込みがあるか、なぜそう思い込んでしまったのかを分析する。
(4) (3) を掘り下げ、「わかったこと」をさらに書く。
(5)「あ、自分の思い込みはこれだ！」と、気がつくまでやる。
＊（4）の掘り下げるプロセスでは、途中でつらくなったり、嫌になったり、面倒くさくなったりすることがありますが、それは古い思い込みの抵抗です。だから、「抵抗しているな」ととらえ、引き続き自分と向き合っていってくださいね。

3 思い込みに気がついたら、次の手順にしたがって新しい思い込みをクリエイションする。すると、それまでの思い込みは自然に手放せる。
(1)「自分がどうなりたいか？」を書く。
(2)「そうなるには、何を信じればいいか？」を書く。
(3) (2) で書いたことを信じると決める!!!

4 新たな思い込みをクリエイションできたら、常に自分の感情を見て、人との会話や聞こえてくる話、自分自身の思考などに、違和感（モヤモヤ、不安、苛立ち、怒り、恐れなど）がないかをチェックする。

5 感情をチェックして違和感があったら、すぐ手順2の分析を始める。そして、また古い思い込みを見つけ、手放し、新しい思い込みにチェンジしていく。

日常の中で、必要に応じてこのプロセスをくりかえす。

ワーク

思い込み（ビリーフ）外し

例：LICAの場合

1 認識
→パリで社長とトラブルで、イライラ、ムカムカして怒りと悲しみが爆発する。

2 ●第1ステップ
（1）違和感が「起きた状況」→相手とコミュニケーションがうまくとれず、スカートを切られ、ショーも欠席される。
（2）「その時に感じたこと」→相手に対する不信感、苛立ち、怒り、ふがいなさ、恐怖。
（3）「なぜ、そう感じたのか」→初めての海外で緊張していたから。「認められないのでは」という怖さや不安があったから。

●第2ステップ
（4）（3）を掘り下げ、「わかったこと」→東京コレクションで酷評された時のトラウマがあり、海外では新人なので認められないかもと怖かった。相手も自分も、信頼できていなかった。
（5）自分の思い込み→自分には力がない。人から認められないとダメ。自分を信じられない。

3 （1）「自分がどうなりたいか？」→デザイナーとしてもっと成功したい。自分の力を信頼したい。誰に何を言われても、自分の好きなことを愛する自分でいたい。
（2）「そうなるには、何を信じればいいか？」→私の世界の「真実」は、私自身！「私で在る」ことこそが真実！
（3）「私は、自分自身（自分のクリエイション＝自分の全て）を信頼する」と決める！

おわりに

この本は、私が「デザイナーになる」という夢をもって、すべての願いを叶《かな》えるまでの記録です。

本書で何度も書いていますが、どんなに大きな夢でも、自分で「叶えたい！」と本気で思えば誰でも叶えられます。

もちろん人生には、人間では計り知れない大きな力で動かされる、受動的な側面があります。生死に関することなどは、私たちの意識ではどうにもならないのも事実です。

しかしそれも、人生という川の完璧な流れに沿っています。そして、そのほかの大部分は、自分自身の意識を使って能動的に創っていけるものです。

誰が何と言おうと、あなたは「こんな人生を生きたい」という願望を叶えていいのです。最高に幸せで、楽しい自分の世界を創造していいのです！

いつからでも、何歳からでも、本気で「この人生でこれを経験してみたい」「こうなりたい」と願うなら、必ず叶えられます。あきらめないで、あなたが本来もっている輝きと、この地球で遊ぶことの楽しさを思い出してください。

でも、人の思考グセや行動グセは、すぐには変わりません。私自身も、壁にぶち当たることも、弱々しく落ちこむことも、自分を信じられなくなったことも、たくさんありました。

そのたびに数え切れないほどやってきたワー

クを、この本では紹介しています。どうか何度もワークを繰り返し、本を読み直してください。きっと、あなたの人生のサポートになるはずです。

私は今、大きな夢を叶えた「人生の午前」を終え、人生の午後（第2の人生）をスタートさせています。

人生の午前ではいろいろな経験をしましたが、人生の午後は、収入も人間関係もライフワークもさらに充実し、「やりたいこと」「好きなこと」をクリエイションし続けています。

現在の私は、この後に出会うパートナーFUMITO（ふーちゃん）とともに、ブログやセミナーを通して、人生の楽しみ方や望む世界の創り方などを伝えながら、気が向けば、自分のブランド「zechia《ゼチア》」で心のおもむくままに洋服をデザインし、ビジネスも順調です。他にも、大好きな歌を歌ってCDを出したり、行きたい国へ気ままな旅をしたり……。好きな時に好きなことができる自由があり、本当に感謝しかない毎日を送っています。人生で今が一番、最高に幸せです！

相方（中ぴょん）も、海外の美術館で展覧会を成功させた後、アーティストとして活躍しています。

そして今、私が経験した「普通の女の子が大きな夢を叶えたリアルストーリー」をコミックエッセイで出版するという夢が叶いました。

あとひとつ、どうしても叶えたい夢があります。それは、この本を読んで、本気で「望む世界は自分で創る！」と決めた、たくさんの人々の願いが現実化することです。

「ああ、この地球に生まれてきてよかった。私はなんて幸せなんだろう」とほほえむ人が増えたら、その人に共鳴し、今ある幸せに気づく人がもっと出てくるはずです。日本中、世界中に、笑顔の花がたくさん咲きますように！

　この本が、毎日を最高に楽しんでいくためのサポートになり、あなたの人生が本来の輝きを放ちますよう……心から祈っています。

　最後になりましたが、人生の午前、一緒に夢を見て支えてくれた尊敬する兄、情に厚くてあったかい登《のぼる》、最高のサポートをしてくれた御《み》船《ふね》、最高のクリエイションをサポートしてくれたＪＵＮ、２０４７１１２０を支えてくれたスタッフのみんな！　本当に本当にありがとう!!

　そして、相方としてともに夢を叶えてから、今もくされ縁で家族ぐるみのつきあいをしている中ぴょん。改めて、出会ってくれて、最高のクリエイションを一緒にしてくれてありがとう！　感謝しかないわ！

　私の無謀な夢を批判もせず、応援してくれた両親にも、感謝を伝えたいと思います。ありがとう。そしてそして、今いつもそばで、どんなことも受け入れサポートしてくれる最愛のパートナー・ふーちゃん。本当にありがとう！　愛してやまない最愛の息子しょんたん、ありがとう！

　この本を一緒に楽しみながら、情熱をもってクリエイションしてくださった「チーム奇跡」の、編集酒井さん、ライターちふみさん、最高の漫画家、高坂さん、めっちゃ楽しかった！

本当にありがとうございます！

２０１７年　８月吉日　ＬＩＣＡ

［ スタッフ ］
マンガ　　　　　高坂ゆう香
編集協力　　　　江藤ちふみ
ブックデザイン　小口翔平＋上坊菜々子(tobufune)
校　閲　　　　　小学館クリエイティブ、出版クォリティーセンター
編　集　　　　　酒井綾子

LICA　リカ

ファッションデザイナー。「spicreative link」スクール主宰。年商30億、パリコレ参加、エンターテインメント型ファッションショーの成功、アート活動や、MISIAアジアツアー衣装デザインなど幅広く活躍。現在は、ファッションビジネスの傍ら、セミナーや執筆活動を行う。主な著書に『天使が教えてくれた「おしゃれの法則」』(サンマーク出版)、『人生が輝き出すYES!の魔法』(宝島社)、『極上の自分になる! 天使と引き寄せの法則』(河出書房新社)など。
ブログ　https://ameblo.jp/parallel-earth/
LICAのブランド「zechia」http://zechia.jp/smt/
LINE@zyu1547m

高坂　ゆう香　コウサカ　ユウカ

漫画家・イラストレーター。漫画家デビュー後は少女漫画を執筆。女性誌や女性週刊誌などでギャグから体験ものまで漫画連載にて活躍。ファッション雑誌『GLITTER』公式アンバサダー・オフィシャルブロガーとしても活躍中。
ブログ　http://ameblo.jp/yu-ka-happyblog/
ホームページ　http://www.kousakayuuka.com

ワクワクだけで年商３０億円
たった5年でパリコレ進出＆30億円ブランドの夢を叶えたワケ

2017年 9月12日　第1刷発行
2023年10月16日　第4刷発行

著者　　LICA
発行人　下山明子
発行所　株式会社小学館
　　　　〒101-8001
　　　　東京都千代田区一ツ橋2-3-1
電話　　編集　03-3230-5119
　　　　販売　03-5281-3555
印刷所　TOPPAN株式会社
製本所　株式会社若林製本工場

©LICA 2017 Printed in Japan
ISBN 978-4-09-388560-7

造本には十分注意しておりますが、印刷、製本など製造上の不備がございましたら「制作局コールセンター」(フリーダイヤル0120-336-340)にご連絡ください。(電話受付は、土・日・祝休日を除く 9:30〜17:30)

本書の無断での複写(コピー)、上演、放送等の二次利用、翻案等は、著作権法上の例外を除き禁じられています。本書の電子データ化などの無断複製は著作権法上の例外を除き禁じられています。代行業者等の第三者による本書の電子的複製も認められておりません。